多维视角下中国文学英译理论与实践研究

邹斯彧◎著

文化发展出版社
Cultural Development Press
·北京·

图书在版编目（CIP）数据

多维视角下中国文学英译理论与实践研究 / 邹斯彧著．— 北京 ：文化发展出版社，2023.12
ISBN 978-7-5142-4188-4

Ⅰ．①多… Ⅱ．①邹… Ⅲ．①中国文学－英语－文学翻译－研究 Ⅳ．① H315.9 ② I206

中国国家版本馆 CIP 数据核字 (2024) 第 002399 号

多维视角下中国文学英译理论与实践研究

邹斯彧　著

出 版 人：宋　娜
责任编辑：侯　娜　　　　责任校对：岳智勇
责任印制：邓辉明　　　　封面设计：守正文化
出版发行：文化发展出版社（北京市翠微路 2 号 邮编：100036）
网　　址：www.wenhuafazhan.com
经　　销：全国新华书店
印　　刷：天津和萱印刷有限公司

开　　本：710mm × 1000mm　1/16
字　　数：220 千字
印　　张：12
版　　次：2024 年 5 月第 1 版
印　　次：2024 年 5 月第 1 次印刷

定　　价：72.00 元
I S B N：978-7-5142-4188-4

◆ **如有印装质量问题，请电话联系：010-58484999**

前　言

随着全球一体化及信息时代的到来，世界上不同国家、民族、地区之间的联系进一步加强。与此同时，中国在世界上的地位日益提高，对外交往的国家越来越多，这在一定程度上突出了翻译这一媒介工具的重要性。与此相适应，国内翻译学界的专家、学者共同致力于翻译理论与实践的研究，并且获得了很重要的研究成果，国内翻译的研究与学习呈现出一派欣欣向荣的景象。中西跨文化交流主要是指中国与西方主流文化之间的传播、互动和相互影响。一个民族最主要的文化来自经典文化作品的传承与发展，在跨文化交流中，经典文学作品的翻译至关重要。经典文学作品的翻译研究是中西文化交流和融合的主要动力，中国与其他国家、民族的文化交流是中国文化发展的重要动力。回顾中国数千年的社会发展变迁史，可以看到文学翻译活动已经影响其渗透到其文化发展的各个方面。离开文学翻译活动，中国社会文化文学史的相关研究则无法完整与全面，也无法梳理清楚数千年来的中外文化与文学交流史。与此同时，西方经典文学作品也随着西方传教士的翻译流入中国。中西方经典文学翻译的发展是人类文明发展史上一个具有共性的文化交际行为，是一个与译入语民族、国家的社会、政治、文学、意识形态、诗学观念等都有着密切关系的文化交往行为。笔者跨文化交际的视角，站在跨文化交际的高度来看待翻译，因为翻译本质上是一种跨文化交际的活动。翻译是一门涉及方方面面的技能，不仅涉及跨语言的翻译，而且是一项典型的跨文化交际活动。

基于翻译是处于社会大环境背景下的人类主观活动，势必受到多重社会因子的多维影响。本书分六章对多维视角下中国文学英译理论与实践这一主题进行研究阐述。第一章从宏观的角度说明汉译英的基础理论知识，对中西翻译思想、理论的演变轨迹进行梳理，并且对中西方翻译的未来进行展望。第二、第三、第四章分别从不同视角对中国文学中的英译结构进行了阐述。第二章以语言学理论视角，从主位推进模式、汉英语篇翻译中主位推进模式的转换及转换过程中的搭配限制三个方面进行分析。第三章为美学视角下的中国文学英译理论，主要阐述了美学与翻译美学、翻译审美主客体、翻译审美活动及中国文学英译中的审美文化等内容。第四章以跨文化为主旋律，从文化视角下分析中西方文学翻译的文化关系与文化差异及概念隐喻的文学翻译策略等方面内容。第五章以中国文学翻译的代表人物——杨宪益、张爱玲为主题，对杨宪益与张爱玲的文学作品及其他一些翻译家的文学翻译思想进行研究与探索。第六章主要是对不同类型经典作品进行赏析。

在本书的撰写过程中，笔者得到了许多专家学者的帮助和指导，参考了大量的学术文献，在此表示真诚的感谢！本书内容系统全面，论述条理清晰、深入浅出。

限于笔者水平有不足，加之时间仓促，难免存在一些疏漏，在此，恳请同行专家和读者朋友批评指正！

作者

2023 年 5 月

目 录

第一章 汉译英基础理论知识 1
第一节 中西方翻译理论研究 1
第二节 汉译英的标准和方法 13
第三节 中国文学英译的文学特征 26

第二章 语言学理论视角下的英语翻译 34
第一节 基于主位推进模式应用的语篇翻译研究 34
第二节 汉英语篇翻译中主位推进模式的转换 46
第三节 汉英翻译转换过程中的搭配限制 54

第三章 美学视角下的中国文学英译理论 62
第一节 美学与翻译美学的联系 62
第二节 翻译审美的主客体 70
第三节 翻译中的审美活动 78
第四节 中国文学英译审美文化 82

第四章 文化视角下的中国文学英译建构 96
第一节 文化翻译理论概述 96
第二节 中西文化差异与翻译 108
第三节 文化视角下隐喻的文学英译策略 116

第五章　中国近代译者文学翻译风格……124
第一节　中国近代部分翻译家及其翻译思想……124
第二节　杨宪益文学翻译简析……129
第三节　张爱玲文学翻译简析……144

第六章　中国文学英译英作品鉴析……152
第一节　中国经典诗歌英译作品鉴析……152
第二节　中国儒家经典作品英译作品鉴析……162
第三节　散文、小说和戏剧的英译作品鉴析……167

参考文献……183

第一章　汉译英基础理论知识

翻译是人类的一项重要语言活动。自从人类有了语言，不同语言群体、部落的人们需要交际、表达思想，以达到相互理解的目的，这就需要翻译作为媒介手段。本章从宏观角度介绍了汉译英的基础理论知识，阐述了中西方翻译理论研究、汉译英的标准与方法及中国文学英译的文学特征。

第一节　中西方翻译理论研究

一、中国翻译理论研究

（一）中国古代翻译理论

中国的翻译活动可追溯到原始社会时期，而有史可考的翻译活动则可早至奴隶社会时期。从奴隶社会至秦统一中国，翻译活动主要限于氏族部落、诸侯国家之间的相互交往，所以这种翻译还谈不上是语际翻译。在中国翻译史上，真正的语际翻译当属佛经翻译。佛经翻译历经千年，出现了一大批杰出的翻译人员，他们译出的佛教经卷数以万计，为佛教在中国的传播，以及丰富中国的语言、文化作出了不可磨灭的贡献。同时，不少译经人在佛经翻译过程中总结出了翻译心得，其中有一些已具备了理论的雏形，如支谦、释道安、鸠摩罗什、彦琮、玄奘、赞宁等。在这些人之后，明末清初也有一些翻译理论家提出了比较著名的翻译观点，如徐光启和魏象乾。下面将进行具体介绍。

1. 鸠摩罗什的翻译理论

鸠摩罗什是天竺（现印度和其他印度次大陆国家的统称）人，东晋后秦时来我国，译经 300 多卷，改变了过去音译的缺点，主张意译，并倡导译者署名。他的译著有《天然西域之语趣》，译文忠于原作的同时，较之以往的佛经翻译，更显文华，为我国的文学翻译提供了可行且有意义的探索。鸠摩罗什没有正面提出译论，他的观点散见于一些论述中。

鸠摩罗以佛经文本为基础，主张在梵语转换为汉语时，即使能够意思相同，但在文体上却存在一定差异，两者转换的过程中，宫商体韵及文藻都无法通过翻译传达出来。所以，他致力于对译经问题的改良，使之更加通俗易懂，同时不失优美的文学性，尽量留住原作的文采风姿。在文质问题上，他主张只要不违背原意，则不必拘泥于原文形式，在存真的原则指导下可以“依实出华”，达到辞旨婉约、自然流畅、声韵俱佳的效果。此外，对于译名的问题，他也提出了自己的观点：对于那些难以在汉语中找到对应词语的梵语可以采用音译法。例如，人名、神名和一些专用名词，他一般都采用音译法。这样的做法一是能够避免因翻译习惯的不同造成的译文差异；二是合适的音译也会给汉语词汇注入新鲜血液，使其更加丰富，同时赋予了译文异域风情，增添了译文的文辞之美。

2. 玄奘的翻译理论

玄奘是唐代佛经翻译的代表人物。他的翻译著作很多，但关于其译论的资料却很少。后人总结出他的翻译思想为“既须求真，又须喻俗”[①]。玄奘的佛经译文既忠于原文，又注重文体风格，是文质结合的典范。

（1）五不翻原则

玄奘提出了“五不翻”原则，这里的“不翻”实际上就是音译。

①秘密故不翻。其是指带有神秘色彩的词汇，应该采用音译的方法来翻译，一定不要通过意译表达。佛经里有许多的“秘密”词汇，这些词汇发人深思、难以捉磨，所以更适合采用音译的方式来表达。

②多含故不翻。其是指对于那些具有多重含义的词汇，应该采用音译的方式进行翻译。在佛教经典中，一些词句具有极其丰富的含义，但是在汉语中却无法找到与其意思完全契合的词汇，如果强行使用汉语中某一词语，可能会丢失原词语的部分信息和意义。

③此无故不翻。其是指有些词语在目的语文化中不存在，因此不用意译，遵循原有的音译即可。

④顺古故不翻。其是指对于已广泛使用、人们熟知的音译词语，应该遵循其

① 佟磊．英语翻译理论与技巧研究[M]．长春：东北师范大学出版社，2017．

原有译法，多采用音译翻译方法。

⑤生善故不翻。其是指佛教中有些词汇会让人心生敬意，对于这类词汇，无需进行意译，而应该采用音译的方式。比如，佛教中常见的词汇“般若”，虽然它等于汉语中的“智慧”，但在内涵上却存在着明显的轻重差异。般若所包含的智慧并非寻常的意义，而是指一种洞悉道义、领悟道理、超越生死束缚的至高智慧，是得道之后才能领悟到的智慧。这种智慧，需要身心两方面的全面投入来证明，而非单纯的聪明的思想。因此，将其音译为“般若”才能表达出对佛经的敬仰，而意译为“智慧”就无法表达出这样的内涵。

（2）翻译技巧

在翻译实践中，玄奘主要运用了以下 6 种技巧。

①省略法（减词法）。

②补充法（增词法）。

③变位法（按照需要对句序或词序进行调整）。

④分合法（分译法和合译法）。

⑤假借法（借用他名改译）。

⑥还原法（把代词还原为其所指代的名词）。

3．赞宁的翻译理论

赞宁是对佛经翻译进行全面梳理和总结的杰出人物。他在著作《译经篇》中，对翻译的性质进行了较为系统的论述，并对前人的翻译活动、经验、方法和理论进行了简要回顾，同时提出了自己的观点。就翻译的性质与定义来说，赞宁明确地指出：“译之言易也，谓以所有易所无也。”[①] 也就是说，翻译也就是对原文的一种改变。

（1）翻译方法

关于翻译的方法，赞宁做了总结，也就是所谓的“六例”说——“今立新意成六例焉。谓译字译音为一例。胡语梵言为一例。重译直译为一例。粗言细语为一例。华言雅俗为一例。直语密语为一例也”。

①译字译音。具体来说，还可以分为四种情况，分别是：译字不译音、译音不译字、音字都翻译及音字都不翻译。

① 佟磊．英语翻译理论与技巧研究[M]．长春：东北师范大学出版社，2017．

②胡语梵言。对于梵语和胡语两者之间的区别，赞宁从地址位置和语言构成方面做了分析，找到了它们之间的差异：一是从东汉到隋朝这段时间，存在着“译胡为秦”的做法；二是隋朝之后的人们，错误地将西天看作是梵。当时的佛经有两种版本，一种是梵语文本，另一种是胡语文本，其中还夹杂着一些胡语和梵语同时存在的文本，在翻译时应当仔细区分。

③重译直译。重译就是指常说的转译或间接翻译，也就是用汉语文本翻译胡语佛经文本。而直译就是直接翻译，即用汉语文本直接翻译梵文佛经。

④粗言细语。按照赞宁的说法，佛经在文辞方面有粗有细。粗语的意思就是泛尔平语言辞，而细语就是典正言辞。

⑤华言雅俗。具体是指目的语，也就是汉语的雅俗问题，要求其可以翻译出原文本身的语言风格。目的语的雅言不能被翻译成源语的俗语，反过来也是如此。

⑥直语密语。直语的意思就是日常用到的平白话语；密语的意思则是存在于宗教之中的神秘词语。“直”代表通俗易懂，“密”则代表隐秘。

（2）文体风格

从文体风格上说，赞宁认为在翻译佛经时不应该过于极端，其语言风格还是应该恰当地保持在雅俗之间。译文的语言也要与通行的风格相符，直到实现准确传达佛旨的目的。

4. 徐光启的翻译理论

明代著名的政治家和科学家徐光启曾翻译过《泰西水法》《几何原本》等著作，他是第一个将我国的翻译范围从宗教、文学扩大到自然领域的人。徐光启并没有将其系统的翻译理论留下来，但当时的传教士、士大夫等在翻译科技著作时发现他零散在译文序言中的翻译思想是有着积极影响的。这种思想主要体现在三个方面。

第一，明白翻译的重要性，翻译就是吸取其他国家长处的手段与先决条件。

第二，提出翻译时要抓重点，抓“急需”。

第三，翻译有何目的，他曾在《几何原本》的译序与杂译中谈到过“以裨益民用”，意思也就是用翻译造福人类。

（二）中国近代翻译理论研究

在鸦片战争到“五四运动”这一时期，所形成的翻译相关的理论与见解就是近代翻译理论。其最常见也最主要的是西学翻译，同时这一时期还涌现了不少优秀的翻译家，他们不仅有着自己独到的翻译见解，还努力致力于实践研究。可以说，这一时期是我国翻译理论自成体系的开创时期。

1. 徐寿、傅兰雅的翻译理论

徐寿是洋务运动时期中著名的科技翻译家与科学家，他和傅兰雅自译或共同翻译的书籍有 13 种，并且他们还首创了一套化学元素的中文名称。此外，傅兰雅还依据自己丰富的翻译经验，提出翻译的标准，即易于领会和不失原文要旨。徐寿和傅兰雅在翻译史中，不管是译名统一的原则，还是对科学术语词典的编纂都分别留下了非常宝贵的财富。下面是两人共同提出的“译名七原则”。

一是，优选直译，尽量避免意译。

二是，如不能译义，则依照官话，固定基本词素，建立音译体系，适度音译。

三是，依照汉语固有形式构建翻译新术语。

四是，译名定义应当准确。

五是，译名应当简练。

六是，译名应当灵活。

七是，译名与他处翻译无矛盾。

这七种原则的提出无论是对引入外来科技，还是对翻译科技名词，都有着巨大的贡献，促进并形成了中国翻译理论，即对汉语难译科技书籍的说法进行了有力驳斥，强调中国人也是可以创造出新词汇的。同时还对科技的译名进行了统一，制定了译名的具体规则，促进了科学书籍，如物理、地理、化学、数学和医学等的译成，并被人们广为流传。

2. 梁启超的翻译理论

梁启超是近代史上著名的文学家、思想家。他认为翻译是强国之道，在《变法通议》中，梁启超指出了译书的弊端：其一是太过重视汉语的表达习惯，反而会失去原文的文化内涵；二是为了遵循英语的表达习惯，而使汉语译文逐渐变得晦涩难懂。梁启超还曾指出，书籍在被翻译后一定要做到能让读者深刻理解原文含义，一旦发现与原文含义不符，或是只保留了原文中的一部分含义，或是将原文顺序颠倒和增减，这些做法都是不行的。此外，译者一定要和原作者的学识专业等相近，只有这样翻译出的作品才能称得上是高质量的译作。

3. 鲁迅的翻译理论

鲁迅作为我国著名的文学家、革命家、评论家与思想家，其翻译思想有以下几点。

第一，认清翻译的目的。鲁迅认为翻译的目的分为服务于革命和供大家参考两种。他曾在自己的文章中提到过其究竟为什么而译，他说是为了自己，也是为了那些称自己是无产文学批评家的人，以及不怕艰难，多少也要明白这一理论的读者们。鲁迅还认为，翻译一般的作品和文章是为了让大家参考，但翻译那些科学的文艺理论和革命的文学作品是为了提高和解剖自己，以便对一些不理解革命理论但仍以无产文学批评家自居的人，以及在统一阵营中的文学工作者予以帮助。

第二，信为主，顺为辅。鲁迅认为首先要做到信和顺，翻译中最重要的就是信，译者应当在确保“信”的情况下做到译文流畅。并且，其并不是把信和顺相对立，而是依旧秉持着以信为主和以顺为辅的观点。

第三，以直译为主，以意译为辅。在翻译的策略方面，鲁迅提出了要直译。这一主张的提出是因为自晚清以来，翻译经常会有随意颠倒、删减和附议等不良风气的存在。需要注意的是，鲁迅提倡的直译并不是死译，也不是要逐字进行翻译，而是选择尽量保留原文的语言风格、形式和全部的思想内容。

第四，复译是非常有必要的。因为在晚清时出现了很多学者硬译和乱译的情况，导致多数读者不愿意去阅读翻译的作品的现象。因此鲁迅认为这种情况需要及时改变，方法就是对已经翻译过的原作进行复译，这一思想在我国的翻译事业中有着重要作用。

第五，倡导翻译批评。鲁迅对当时国内盛行的硬译和乱译现象分别提出了翻译批评。他指出，之前的翻译批评是有不足之处的，同时还对翻译批评的开展方法提出了自己的独到见解，这对后来正确发展翻译批评也有着一定的促进作用。

此外，鲁迅还曾指出，翻译作品不好，译者是要承担主要责任的，而且批评家、出版界和读书界也有一定责任。因此，正确地翻译批评有助于整顿和改变翻译的一些不良风气。

鲁迅在对待翻译批评是非常宽容的。他不仅对翻译给予支持与鼓励，而且还提出要分出译文好坏，尽可能去选择好的译文供读者阅读，即使在没有好的情况下，也要从并不全是坏方面的译本中挑出稍微好的，让读者受益。这样的翻译批评方法对端正翻译批评之风是非常有效的，并且鲁迅所倡导的辩证唯物主义思想也是其发展的基石。

（三）中国现当代翻译理论研究

1. 胡适的翻译理论

胡适是现代著名哲学家、文学家和思想家。胡适从1919年开始就接连翻译了契科夫、莫泊桑等人的短篇小说，以及长诗、剧本等西方著作。另外，他还是中国白话新诗翻译的领军人物。他认为将文言文译成诗只能让少数人喜爱和理解，是不能得到广泛普及的，因此，必须翻译成贫民大众也能接受和理解的诗歌。胡适的诗歌翻译就是如此，不管是从意境出发，还是语言与格律方面，都为白话的开创与发展起到了促进作用。胡适在严肃认真地对待翻译同时还提出了“三负责”原则。他认为写文章是有向自己负责和向读者负责这两重责任的；但翻译文章不同，它有三重责任，分别为要对原作者负责、要对自己负责和要对读者负责。

除此之外，他还提出过两种观点，分别是在翻译时全用白话和在翻译西洋文学著作时只翻译名家的著作。这些观点在当时引起了很大轰动，极大地推动了用白话文翻译的发展。

2. 郭沫若的翻译理论

郭沫若作为现代著名的翻译家、戏剧家、文学家和诗人，他的翻译理论可总结为以下几点。

第一，风韵译理论。郭沫若曾说，诗中不可把握的风韵是它的生命，因此除了译诗的直译与意译，风韵译也是非常重要的。所谓风韵译，就是在翻译时不是移植或逐字逐句进行，而是要以诗译诗，郭沫若认为两种文化融合的过程就是翻译的过程，除了两种语言的转换，也是译者重新创造新的原文审美风格。

第二，生活体验论。郭沫若认为译者一定要具备的素质就是责任心和主体性。译者在进行翻译工作时要有高度的责任感与正确的出发点，除了选择作品时要有谨慎的态度，还要在翻译时保持严肃认真。除了责任心，译者的主观感情也非常重要，在翻译工作开始之前，需要对原文的作者和作品加深了解，有一定了解后才能更加清晰地明白作者的思想与原文所表达的含义。郭沫若还说过，自己在翻译时往往会跟原文作者“合而为一”，想象自己就是作者并代入到作品之中，只有这样才能更好地体会原文的内涵。这一做法对后来的翻译理论的发展起到了非常重要的作用。

第三，好的翻译等于创作。早期时，郭沫若认为翻译只是一种附属事业，从而贬低了翻译的作用。但随着文学思想的逐步转变，郭沫若也端正了对翻译的态度，明白了翻译的重要性，并且指出“好的翻译等于创作，甚至可以超过创作”。翻译有时是比创作还要难的，因为创作需要具有一定的阅历与生活经验，而翻译却要体验他人的生活。除此之外，译者在翻译工作中，需要同时拥有很好的英文与汉语功底。因此，翻译有时是比创作还要难的。

总之，翻译这项工作需要一定的创造力才能完成，而郭沫若这种在翻译时注重原作精神思想和艺术风格，以及将其融入笔端的做法，是对艺术进行的再创作，也只有这样才算是高质量翻译。

3. 茅盾的翻译理论

茅盾是中国现代著名的文化活动家、文学家评论家与小说家。他所提倡的形貌与神韵辩证统一的文学翻译批评理论，对中国文学翻译产生了很大影响。实际上在实践过程中，译者和翻译批评者之间经常会因为互动不够，而难以使翻译批评对翻译进行真正意义上的指导。“五四运动”的时期，“新文化”使文学翻译和翻译批评充满了全新的活力。

茅盾除了翻译大量的外国文学作品，还非常重视中国古代文论的研究。对于文学翻译批评界长期存在争论的文质或直译、意译之争，茅盾对中国的传统文化思想的文学翻译批评提出了符合要求的主张，也就是神形皆具的辩证统一翻译批评理论。

针对直译和意译，茅盾曾指出，因为英汉文字有所不同，所以如果所有文本都采用直译法的话会很难进行。译者常常会因为顾忌语言形式而忽略了神韵，但如果只考虑神韵，其语言形式又会和原文产生差别，所以到最后神韵和形貌都是没办法同时存在的。但即便是这样，两者也存在着相辅相成的关系，句调和单字同时构成了语篇的神韵与语言的形貌。

茅盾运用单字、句调、形貌、神韵等概念，突破传统文学翻译批评限制，提出神形辩证统一翻译批评理论是解决直译和意译问题的最好方法。这一理论不仅能使中国的翻译批评产生新生机、摆脱旧束缚，而且还有力促进了中国传统文学翻译批评逐步转换为现代文学翻译。

4. 傅雷的翻译理论

傅雷是中国著名的翻译家、文艺评论家，他在《高老头》译序中提出了“神似论”的翻译标准，具体来说其翻译理论的贡献体现在如下两点。

第一，传神达意。傅雷曾表示领悟原文和用汉语表达原文含义是两种不同的概念，其认为翻译过程中的传神达意要做到三点。首先，是要中文写作。一篇好的译文应该呈现出一种原文作者是在用汉语写作的感觉，这样一来，不仅保全了原文的意义，还保证了译文的流畅性与完整性，同时还不会有以意害辞或以辞害意的情况出现。其次，是要反复修改。傅雷是非常严肃认真地对待翻译的，他认为好的翻译离不开反复的修改和锤炼，文字工作者应当不断地对译文进行完善和推敲，而不要总想着只做好一次，以后就不需要费力了。最后，是要注重译文的附属部分，也就是包含了译文序、后记、索引和注解等内容，这些内容都分别影响着译文的传神达意。因此，对这些内容进行妥善的处理也是能够让读者更好地理解原文内容与形式的方法。

第二，神形和谐。傅雷认为翻译就应该像临摹画作那样，先要注重神似再追求形似。他在翻译中运用到了中国古典美学理论，并在翻译时还运用了形神论的观点。傅雷表示，要想做到真正的传神达意，就不应该局限于用原文句法进行拼凑堆砌，更应该注重的是要与原文相似。但是这并不表示译者要对原文的形式进行抛弃，而是基于原文神似上强调形似，避免求形而忘神的情况发生。语篇中的神和形是存在密切关系的，神是形的根本意图，同时还依附形而存在。所以，它们分别都有各自的轻重，是一个和谐的整体，没办法单独进行比对。

译者是需要创造形和神的和谐。傅雷认为可以对原作者用汉语撰写译文的情况进行假设，翻译中还需要使用规范、纯粹的中文，不能过于复杂，这才是翻译的标准。此外，为了原文的生动再现，并能体现出语境和时空的差异，他还表示可以将各地的方言混合在一起，并运用一些旧的小说套语与文言。但是也要注意，在使用这些时应对其在语篇中的成分及作用进行适当调和，防止译文的风格变得支离破碎。

5. 钱钟书的翻译理论

钱钟书作为著名的文学研究家与作家，对翻译的论述也有很多值得人们探讨的地方。其中，他的主要观点“化境说”为翻译理论的发展作出了巨大贡献。

“化境”原意是将艺术造诣上升到一个很高的境界，并与中国传统文论一脉相承，但被钱钟书引入翻译领域后，指的是原作的“投胎转世”。钱钟书首次提出“化境说”的观点是在《七缀集·林纾的翻译》。具体来说“化”的含义有三种，分别是转化、归化和化境。首先，转化是指将一国的文字转化为另一国的；归化是指用汉语表现出原汁原味的、准确的外国文字，让读者在读的过程中像是在读原作，而不是译本；而化境，是指原作的“投胎转世”，即使语言表现有变化，但精神却能与原作一样。除此之外，“化”也有两点内容需要注意。其一，在翻译过程中不应因为语言表达存在差异就表现出牵强和生硬的感觉；其二，“化”的过程中也不能太过随意，注意不要丢失原文本中本应存在的东西，即使是换了译文的外壳，也应该保留原文的韵味与精神。

“化境”这一翻译理论是钱钟书将中国古典美学中的境界概念引入翻译领域的结果，他认为所有学科的境界都有其共通性。“化境说”不仅使翻译中的神韵与语言形式得以兼顾，而且还注重了译者的创造性。所以说，翻译的最高境界是“化”。

二、外国翻译理论研究

（一）古代至中世纪翻译理论

1. 西塞罗的翻译理论

马尔库斯·图利马斯·西塞罗（Marcus Tullius Cicero）是西方翻译史上最早的翻译理论家之一。他曾翻译过很多著作，包含古希腊文学、哲学和政治等方面。在《论演说家》和《论至善和至恶》中体现了其对翻译理论的阐述。尽管这两部著作不是论述翻译的专门著作，但是里边的见解却给后世的翻译实践提供了很好的借鉴。

西塞罗还曾提出过直译与意译这两种译法的区分，这也是西方翻译理论起源中的标志性提法。西塞罗还在《论至善和至恶》中提到过，需要采取灵活的方式进行翻译，同时还要达到感动读者的目的，在选词造句方面要选择符合自己的语言进行翻译，基于此西塞罗表示翻译也是文学创作的一种。同时，他也是在西方翻译史上正式提出形式和内容的关系、译作与原作的关系、译者的权限与职责，以及翻译的两种基本方法等问题的第一人，可谓是西方翻译史上的第一位理论家。

2. 哲罗姆的翻译理论

哲罗姆，被誉为“最有学问的人”，封为“圣哲罗姆”。他最有名的翻译著作为拉丁文的《圣经》，也就是《通俗拉丁文本圣经》。在其译本出现之前，《圣经》的拉丁语翻译较为混乱。《通俗拉丁文本圣经》则被认为较为标准，为之后的欧洲各国译者提供了良好的参考。哲罗姆提出的翻译原则系统严谨且可行度很高，分别体现在以下几点。

①“词语对词语”的方式硬译会破坏原文的魅力。

②绝对忠实难以实现，因为。

③直译与意译相结合。

3. 贺拉斯的翻译理论

昆图斯·贺拉斯·弗拉库斯（Quintus Horatius Flaccus）是古罗马时期的著名诗人、批评家、翻译家。他的翻译思想集中体现《诗艺》。同时他还受到了西塞罗的影响，在翻译中选择意译的方式而避免使用直译，但应强调的是，即使使用意译也不代表在翻译中译者可以没有任何限制地自由发挥。他还按照自己的翻译实践与创作提出了以希腊为典范的观点，还由此制定了一套古典主义的文艺原则，其风格主要是和谐、创新和寓教于乐等，文艺复兴后的翻译家大多都受到了他的影响。

（二）文艺复兴时期翻译理论

1. 马丁·路德的翻译理论

马丁·路德（Martin Luther）是德国辩论家、神学家、翻译家和社会学家。他遵循了通俗明了的翻译原则将《圣经》翻译成德文。马丁·路德对德语在语言、文学方面的发展、统一和宗教改革等有着非常重要的贡献，也在西方的翻译史上有着极为重要的地位。下面几个方面是路德在翻译理论方面的贡献。

①翻译应重视意思与语法之间的联系。

②翻译必须通力合作。

③翻译的大众化取决于使用的语言是否为大众熟悉的通俗语言。

④翻译中应该被放在第一位的是原文中的语言现象，想让读者完全看懂译文应该用意译的方法。

⑤提出翻译七条原则，即可以对必要连词进行增补；对语气助词要合理运用；译入语中缺失对等词的原文词语可省略；可对原文词语做出形式上的改变；无修辞与比喻等修辞手法之间互为转换；遇到单个词可以使用词组代替；注意文字解释的准确性和变异形式。

2. 多雷的翻译理论

艾蒂安·多雷（tienne Dolet）是法国文艺复兴时期著名的翻译家、学者和人文主义者，他一生编辑和翻译过许多作品。欧洲教会长期以来都主张翻译《圣经》时应采取直译的方式，但多雷思想解放，主张意译。

多雷认为翻译是译出其深刻的含义而不是单纯地将文字翻译出来。为了展现作者意图，译者可以对译文的句式等进行相应的颠倒与调整。他认为出色的翻译应当做到以下几点。

①译者不应生搬硬套、逐字逐句地进行翻译。

②译者应该对目的语语言和原文语言有所精通，不能损害原文的优美性。

③译者对自己所翻译的作品的内容和表达的含义要完全了解。

④译者要适当重构语序、调整句子顺序，防止翻译时太生硬。

⑤译者在表达时应该使用通俗易懂的语言，避免刻板或拉丁味太浓的语言。

（三）西方近代翻译理论

1. 巴特的翻译理论

夏尔·巴特（Charles Batteux）是18世纪的法国乃至欧洲最具影响力的翻译理论家和文学理论家之一，他翻译过很多罗马和古希腊的经典作品。其代表作有《纯文学教程》《论文学原则》等，他认为语言的普遍因素源于语序而不是语法，支配语法结构的是句子的顺序。所以一旦有矛盾出现，句子顺序是首先应被考虑到的。他曾在《论文学原则》中着重讨论过语序问题，还提出了一系列规则，这部著作也集中体现了翻译对他的各种影响及其自身的看法，他的论述精确恰当、观点十分新颖，因此也可以说是18世纪西方翻译理论发展史上的重要里程碑。

2. 歌德的翻译理论

歌德是德国近代非常伟大的翻译家、文学家，他的翻译作品有法国哲学家德尼·狄德罗（Denis Diderot）的《拉摩的侄儿》、西班牙剧作家卡尔德隆·德·拉·巴尔卡的戏剧等，在整个欧洲文学中都极具影响力。

歌德认为在世界事务中，翻译是最有价值也是最重要的活动之一，译者就是人民的先知，因此翻译应当受到重视。他还认为文学作品之所以可以被翻译，是因为不同语言间的音韵和意思等在传译中是有共同性的。歌德将翻译分成了传递知识的翻译、逐字对照翻译和按照译语文化规范的改编性翻译，因为其自身的翻译理论是基于浪漫美学建立的，所以他认为逐字对照的翻译是最好的。与此同时，他还提出了不管是散文体还是诗体的外国名著，在翻译时也要使用明快的散文体。

3. 施莱尔马赫的翻译理论

弗里德里希·丹尼尔·恩斯特·施莱尔马赫（Friedrich Daniel Ernst Schleiermacher）是德国一位有影响力的基督教新教神学家、哲学家。他在1813年于柏林德国皇家科学院宣读了《论翻译的不同方法》，其中他在理论上对翻译的原则、方法等问题进行了阐述，直到现在也是在翻译研究领域中具有标志性意义。下面是论文中所要表达的几个重要思想。

①译者翻译时应正确理解思维和语言之间的辩证关系。

②翻译的过程有两种途径，即读者向作者靠拢和作者向读者靠拢。这种途径后来又被美国翻译理论家劳伦斯·韦努蒂（Lawrence Venuti）发展成翻译的归化、异化理论。

③翻译可分为纯粹的口译与真正的翻译。施莱尔马赫是西方第一个明确区分口译和笔译的人。他认为口译是适用于商业翻译中的一种机械活动，不需要特别的学术关注。

④真正的翻译可分为“模仿”与“释译”。前者强调的是处理文学的艺术作品；后者则体现在翻译学术类文本和科学中。

第二节　汉译英的标准和方法

众所周知，中国拥有五千多年的文明史和近三千年的翻译史。中国最早的翻译活动可追溯到三千年前的周朝。自从有了翻译活动，人们便开始了对翻译标准和翻译方法的探讨，其目的是找到一套能够更好地衡量翻译活动效果的译文标准和行之有效的翻译方法。为此，古今中外的翻译理论家和翻译家们提出了不少卓有成效的翻译标准和翻译方法，下面论述一些具有代表性的翻译标准和翻译方法。

一、中西翻译标准概述

确切地讲，翻译标准是指译者在翻译实践中必须遵循的原则，同时也是翻译批评必须把握的原则和衡量译文的标准。一般来说，"'翻译标准'是一个目标，要求一般比较高，是由译者或评判者所把持的主观尺度"[①]。翻译标准历来是中外翻译界的热点话题，历来众说纷纭，至今也无完全统一的标准，以下是中外一些具有代表性的观点。

（一）中国主要的翻译标准和方法

我国最早的翻译研究源于东汉末年的佛经翻译。支谦"用意译取代音译"，"译文力图适应汉人的口味，译文的忠实性受到一定的影响"[②]；道安提出"五失本三不易"的翻译原则，"主张翻译必须力求合乎原文原意，唯惧失实"[③]；鸠摩罗什"倾向于意译"[④]；"如前所述，道安是主张（直译）的，而罗什则倾向于文（意译）。慧远对这两家的翻译主张都比较了解，而在这两种互有扞格的译论之间，提出了自己的主张和见解"[⑤]。我国唐代最著名的翻译家玄奘提出了影响深远的"既需求真，又需喻俗"，意即"忠实、通顺"的翻译标准和方法，直至今天仍有指导意义。[⑥]玄奘对翻译标准的贡献主要体现在"五不翻"的翻译原则上。"五不翻"指的是佛经翻译中的五种"不可译原则"。可见中国译学界对"原文的不可译性"的讨论早在唐朝玄奘时期就已开始了，只是局限于佛经翻译而已。我国近代著名翻译家严复在其所译《天演论》译例言中提出"译事三难，信、达、雅"，这"三难"后来成为很有影响的翻译标准。"信"指忠实于原文，"达"指语言通顺畅达，"雅"指文字典雅，这个标准在翻译界产生了广泛的影响和极大的反响。[⑦]严复的"信、

---

① 姜倩，何刚强．翻译概论 [M]．上海：上海外语教育出版社，2008．
② 马祖毅．中国翻译简史：五四以前部分 [M]．北京：中国对外翻译出版公司，1984．
③ 陈福康．中国译学理论史稿 [M]．上海：上海外语教育出版社，1992
④ 马祖毅．中国翻译简史：五四以前部分 [M]．北京：中国对外翻译出版公司，1984．
⑤ 陈福康．中国译学理论史稿 [M]．上海：上海外语教育出版社，1992．
⑥ 张培基，喻云根，李家杰，等．英汉翻译教程 [M]．上海：上海外语教育出版社，1980．
⑦ 杨莉黎．英汉互译教程（上册）[M]．开封：河南大学出版社，1993．

达、雅”在中国翻译理论中的影响最大，以至于谈中国翻译理论必谈严复，谈严复必谈“信达雅”。

我国近代的著名翻译家鲁迅和瞿秋白也提出了有一定影响的翻译标准和翻译方法。鲁迅提出标准是要求基于原文，忠实于原文，而瞿秋白则认为忠于原文和翻译通顺是不应该对立起来的，这里最重要的问题就成为要创造新的表现方法，就必须顾及口头上，能够说出来的条件。这也表明鲁迅和瞿秋白对翻译工作的态度都十分严肃，至今一直是翻译者学习的榜样。著名文学翻译家傅雷提出了“神似”的文学翻译标准，傅雷所指的“神似”即传神，忠实地传递原文的意蕴，其核心是强调“神似”，而不重“形式”。这一翻译标准对旧文学翻译具有积极的指导意义。我国现代著名翻译家林语堂也提出了忠实、通顺、美的三个翻译标准。林语堂还将“忠实”程度分为四等：直译、死译、意译和胡译。他将翻译的方法分为“字译”和“句译”两种。钱钟书提出的“化境”的文学翻译标准可以认为是“出神入化”。有一些学者则提出了不同翻译标准。例如，一些学者认为翻译对象有二，即原著和目标语言。原著是传递信息的主体，目标语言读者是接受传递信息的主体，而译文是传递信息的方式。还有一些学者认为，由于翻译是由原著和目标语言读者两个要素构成的，因此翻译标准首先还得从译文和原著及译文和读者这两方面的关系去思考。辜正坤先生创新地提出了多元互补的翻译标准，该标准系统既包含抽象的一元标准，也包含具体的多元标准，它既有理论价值，也具有实践价值。

（二）西方主要翻译标准和方法

英国著名学者亚历山大·弗雷泽·泰特勒（Alexander Fraser Tytler）在1790年发表了他的翻译专著《论翻译的原则》(《Essay on the Principles of Translation》)，该书为西方翻译理论的第一部著作，被认为是西方翻译理论研究的正式开端。泰特勒在书中提出了著名的翻译三项原则：

① A translation should give a complete transcript of the ideas of the original work.

② The style and manner of writing in a translation should be of the same character with that of the original.

③ A translation should have all the ease of original composition.

概括来说，泰特勒的翻译标准是忠实、风格一致和通顺。该三原则也成为后来许多翻译家遵循的信条，对19世纪、20世纪的翻译理论产生了积极影响。

美国语言学家尤金·A·奈达（Eugene A.Nida）和查尔斯·泰伯（Charles R.Taber）从“动态对等”的角度出发提出了一套翻译的优先标准和原则，著名翻译理论家彼得·纽马克（Peter Newmark）从语言的重要性角度考虑，提出了颠覆传统的翻译理论：根据文本语言的重要程度，越重要的地方，翻译越准确、贴近；反之，越不重要的地方，翻译则只要恰当、规范即可；文本中某一语言单位写得越好，不论其重要程度如何，翻译也越应贴近。[①]

长期以来，翻译界对直译与意译存在着争议，在这样的背景下，纽马克提出了全新的翻译方法——语义翻译法和交际翻译法。这两种翻译方法，拓展了一直以来采用的直译和意译的概念，并为翻译研究提供了新的思路和新的方向。对翻译理论，纽马克做出了重要的贡献。

二、汉译英的标准

翻译标准是翻译实践的指导原则，是衡量译文优劣的尺码，也是翻译批评的重要标准。翻译有两个任务：“一是翻译的根本任务，用鲁迅的话说，是‘保存着原作的风姿’，用茅盾的话说，是‘忠实地传达了原作的内容和风格’，用钱钟书的话说，是‘完全保存原作的风味’；二是完成这根本任务需要解决的主要矛盾，用鲁迅的话说，是‘力求其易解’，用茅盾的话说，是纯粹的祖国语言，用钱钟书的话说，是‘不因语文习惯的差异而露出生硬牵强的痕迹’。”[②]很明显，翻译必须首先做到与原文意思一致，然后还要做到通顺易读。所以，无论是汉译英还是英译汉，都需要将“忠实于原文”和“通顺的译文”作为必须要遵循的翻译原则。

（一）忠实于原文

忠实于原文一般是指忠实于原文的内容，包括思想、情感、文体风格等，即把汉语的意思准确地译为通顺的英语。译者不得无故对原文进行删改、歪曲、遗漏和增减，但译者可在忠实于原文的前提下，灵活地调整译文，使其符合译入语

① 廖七一．当代西方翻译理论探索［M］．南京：译林出版社，2000．

② 孙致礼．新编英汉翻译教程［M］．2版．上海：上海外语教育出版社，2011．

的语言标准和文化习惯。

1. 译文忠实于原文的形式和内容

保留原文的形式和内容是指在翻译中保留原作的句式或修辞手段，生动地再现原文的形式与内容。例如：

①十年树木，百年树人。——It takes ten years to grow trees, but a hundred years to rear people.

②世界文化与自然遗产——World Culural and Natural Heritage（借用联合国教科文组织的说法）

③一石二鸟——Kill two birds with one stone.

④旅游业：一种消除贫困、创造就业与社会和谐的驱动力。——Tourism:a driving force for poverty eradication, job creation and social harmony.

⑤依赖出口的增长方式——export—dependent growth model

以上译例均保留了原文的形式和内容，不仅忠实于原文，而且译文通顺自然，做到了形式对等和功能对等。

2. 译文牺牲原文的形式而忠实于原文的内容

由于汉英两种语言差异很大，有时在把汉语译成英语时必须牺牲原文的形式（如句式、修辞手段等），而忠实原文的思想内容和精神实质。例如：

①闲人免进——Staff Only

②送客止步——Passengers Only

上述译例不拘泥于原文的形式，而是将原文的内在含义展现了出来。译文既密切联系英语文化的语境，还通过转换位置思考的方法，采用灵活多样的翻译手法，使译文中的语言更加地道，达到言简意赅、婉转优美、令人回味的翻译效果。

③桂林山水甲天下。——East or west, Guilin Landscape is best.

这个译例做到了原文和译文在功能上的一致，在语义、文体和文化上达到了类似和对等，英语中类似的说法还有——East or west，home is best，这可以说是英语旅游公示语翻译中的样板。

3. 译文风格忠实于原文风格

译文风格是指“原文民族风格、时代风格和文体风格及作者个人的语言风格。一般说来，译者对原作的风格不能任意破坏和改变，不能用自己的风格替代原文的风格”[①]。若译文是口语体的语篇，就不能译成书面语篇；若原作展现的是东方色彩，就不能转换成西方色彩，需保留原作中的“异国情调”。例如：

①应当认为，承包人在投标之前已查明该工程的投标书和标价的工程量清单及单价和价目表（如有时）中开列的单价和价格的正确性与完备程度，除在合同中另有规定者外，这些投标单价和价格适用于合同中规定的承包人的全部义务及该工程的正确施工和维修所必需的一切材料和物品。

The contractor shall be deemed to have satisfied himself before tendering as to the correctness and sufficiency of his tender for the works and of the rates and prices stated in the priced Bill of quantities and the Schedule of Rates and Prices, if any, which tender rates and prices shall,except insofar as it is otherwise provide in the contract, cover all his obligation under the contract and all matters and things necessary for the proper execution and maintenance of the works.

以上原文为典型的经贸法律语篇，属于书面语体，译文也忠实地再现了原文的语体风格和用词正式和严谨等特点。

②道可道，非常道；名可名，非常名。无名天地之始；有名万物之母。故常无，欲以观其妙；常有，欲以观其徼。此两者，同出而异名，同谓之“玄”。玄之又玄，众妙之门。

The Way that can be told of is not an Unvarying Way; The names that can be named are not unvarying names. It was from the Nameless that Heaven and Earth

① 孙致礼. 新编英汉翻译教程 [M]. 上海：上海外语教育出版社，2011.

sprang; The named is but the mother that rears the ten thousand creatures, each after its kind. Truly, 'Only he that rids himself forever of desire can see the Secret Essences'; He that has never rid himself of desire can see only the Outcomes. These two things issued from the same mould, but nevertheless are different in name. This 'same mould' we can but call the Mystery, Or rather the 'Darker than any Mystery', The Doorway whence issued all Secret Essences.

原文为中国古典文学作品《道德经》的选文，用词典雅，含义深刻。译文不仅在意思上忠实于原文，在文体风格上完全忠实于原文，而且译文书写格式也与原文相似。

（二）通顺的译文

通顺是指译文语言用词应正确得体，行文流畅通顺，用词符合英语语言和文化习惯，切忌逐词逐字死译、生搬硬套，使不懂汉语的英语读者也能读懂，达到交流信息的目的。

1. 简洁通顺的译文

译文应符合现代英语简洁的用词特点，做到文体简练，语言通顺自然。例如：

①在中国一提到孔子，上至白发苍苍的老人，下至天真幼稚的顽童，无人不知，无人不晓，人们为了纪念他，在许多地方都建有祭祀他的寺庙，天津也不例外。

Confucius is a household name in China. Temples in memory of him could be found everywhere in China and Tianjin is no exception.（陈小慰，《新编实用翻译教程》，2006 年）

以上原文中的画线部分是典型的汉语描述方式，但这句话中重复的地方很多。中国人很习惯和欣赏这些描述，但如果将其原封不动地搬入译文中，译文就会变得啰嗦烦琐，令人难以阅读，因而也就无法实现英语译文简明扼要的目的，故将其译为一个词组“a household name”加以概括和简译。其实，外国游客也无须了解原文中的画线部分的信息，如果将其全部翻译出来，只会增加读者的阅读负担和分散读者的注意力。

②这儿的峡谷又是另一番景象：谷中急水奔流，穿峡而过，两岸树木葱茏，鲜花繁茂，碧草萋萋，活脱脱一幅生机盎然的天然风景画。各种奇峰异岭，令人感受各异，遐想万千。

It is another gorge through which a rapid stream flows. Trees, flowers, and grass, a picture of natural vitality, thrive on both banks. The weird peaks across disparate thoughts.

原文里含有许多四字词语语，如“树木葱茏”“生机盎然”“遐想万千”等。在汉语中，这些词语不仅读起来朗朗上口，富有韵律美感，而且含义丰富。若是在英文中生搬硬套地翻译，就不能准确地传递其内涵，若是做出解释，译文则会显得啰嗦。上述译文中大胆省略了对这些词语的翻译，使翻译出来的句子更符合英语的语言习惯，并恰如其分地将原文所要表达的意思呈现出来，在实现交际功能的同时，又做到了翻译的对等。此译例表明，“在了解本国修辞传统的基础上，了解什么样的话语符合外国受众期望，在他们的价值尺度下中听在理，得体自然；了解采用什么样的方法传递信息，阐明事实才容易被他们接受，而不是逐字照搬国内宣传语气和行文模式”。①

2. 地道通顺的译文

译者应尽量使自己的译文在忠实于原文的基础上，做到译文用词地道，犹如原作者的英文习作，读起来好像是用译语写成的一样。例如：

①苏州——东方威尼斯以风景秀丽的园林、古典雅致的建筑及精美的丝绸刺绣驰誉世界的苏州，素有中国“鱼米之乡”的美名。

②顺其大运河及脉络分明的水道而下，仿佛置身于诗般的宁静之中，拥有浪漫的情怀，引发思古幽情。

Suzhou—The Venice of China World—famous for its scenic gardens, classic Chinese architecture, and exquisite silk embroidery, Suzhou—China's Land of Milk and Honey—

① 陈小慰. 外宣翻译中“认同”的建立[J]. 中国翻译，2007，28(01)：60-65+96.

recaptures the dignified elegance of an era gone—by.

You may experience poetic tranquility and a twinge of romantic nostalgia while drifting along the city's Grand Canal and crisscross waterways.

译文直接用“Venice”来替代汉语“威尼斯”这一词语，因为苏州是有名的东方水城，威尼斯是著名的西方水城，这一替代恰如其分。“Land of Milk and Honey”是英语里的一个惯用语，为“物产丰饶”之意。“鱼米之乡”也可译为“a land flowing with milk and honey”，如自古以来无锡就是著名的鱼米之乡——Wuxi has long been known as a land flowing with milk and honey。

苏州也是东方一个的“鱼米之乡”，与“物产丰饶”的意思相近，所以可以替代，替代后英语译文更加符合英语读者的语言表达和文化接受习惯。译者在这里把“东方威尼斯”译为“The Venice of China”是值得赞赏的，因为这样译更加地道，语言更加通顺自然。

在汉英翻译中，忠实与通顺是互为相关的，二者相辅相成。忠实而不通顺，读者看不懂，也就谈不上忠实；通顺而不忠实，背离原作的思想内容和文体风格，通顺也失去了意义和作用。因此，在翻译中一定要二者兼顾，同时把握好分寸，求忠实时不影响通顺，求通顺时也不妨碍忠实。

三、汉译英的方法

一说起翻译，人们自然而然地就会想到翻译方法，如直译法与意译法，语义翻译法与交际翻译法，异化法与归化法等。译者可根据不同的翻译任务有针对性地和灵活地使用不同的翻译方法，以达到忠实和通顺的目标。笔者以为，可以用直译和意译来处理语言层次方面的转换，用语义翻译和交际翻译来处理不同文本的翻译，用异化和归化来解决翻译中的文化转换问题。这里需要强调的是，这些方法都是相辅相成的、互为依存的，不能将它们随意分割和对立起来，如直译和意译就是一个有机的二元体。例如：“旁观者清”这一汉语谚语既可以英译为“The spectator is in a better position to judge”又可英译为“The onlooker sees most of the game”。这两个译文中既有直译的影子，也有意译的痕迹。总之，译者应根据不同的翻译任务和翻译目的选用恰当的翻译方法。

（一）基于语言层次转换的直译和意译方法

所谓直译指的是，翻译过程中要尽量和原文保持一致，包括原文的语言形式、句子结构、词语的使用、修辞的使用等等，并且要做到译文语言流畅易读。一般情况下，应用文体，如科技、法律、经贸、旅游等的翻译多采用直译的方法。所谓意译指的是，依据词汇所表达的含义，将原文想要表达的意思和逻辑翻译出来，不需要每一个字词都生硬地翻译出来，自然通顺即可。与直译相比，意译更为关注目的语读者的反应，但直译和意译并不是相互对立的，而是相互依存和互补的方法。直译和意译侧重点放在语言层次的转换上。

1. 直译

有时英语与汉语在语法和句法上基本对应，可以将其直接译出，使译文言简意赅，符合用词简略的要求。例如：

①“三潭印月”（杭州西湖美景之一）——Three Pools Mirroring the Moon，这里就不能把“三潭印月”译为“San tan yin yue”，因为采用音译的方法就不恰当，缺乏跨文化交际的意识。

②尽情购物尽情获奖（澳门旅游宣传用语）——The more you shop the bigger the reward.

③创优秀旅游城市，为名城争光——Build a Top Tourist City of China for the honor of our famous city.

④请勿践踏草坪——Thank you for keeping off the grass.

以上译例表明，直译既能保留原文的内容，又能保持原文的形式，特别是保留原文的比喻、形象和民族、地方色彩等。

2. 意译

以下旅游广告宣传用语因语言和文化差异而无法进行直译。遇到这种情况，应以目的语读者为依归，采用意译的方法。舍去原文的形式，保留原文的内容和精神实质。例如：

①顾客投诉热线

原译：Customer Complaint Hot line

改译：Customer Service Hot line

改译符合英语用词和思维习惯，因为美国人在表达“顾客投诉”这一意思时，常使用的词语就是“Customer Service”。

②贵重物品随身携带

原译：Please take your valuables with you.

改译：Don't Leave Valuables Unattended.

原译为死板的直译，不符合英语的用词习惯。改译则将意思意译出来，这样译文不仅达到了交流信息的目的，而且十分耐人寻味。

（二）基于语篇的语义翻译和交际翻译方法

英国著名翻译理论家纽马克将自己的语义翻译和交际翻译定义如下：

> Communicative translation attempts to produce on its readers an effect as close to that obtained on the readers of the original. Semantic translation attempts to render, as closely as the semantic and syntactic structures of the second language allow, the exact contextual meaning of the original.

交际翻译想要达到的效果是使读者在阅读译文时，跟阅读原著的感受几乎接近。语义翻译则尽可能地使译文和原著在语言、句法方面更加贴近，更精准地翻译出原著所表达的意思。

芒迪认真研究了语义翻译和交际翻译的不同，指出在翻译一些自传文学、重要的政治观点、个人观点浓厚的文章、严肃文学等文体时，更适合使用语义翻译；而一些非文学著作、技术语言、宣传语、标准文稿和流行小说等问题，则更适合使用交际翻译。

纽马克也强调，交际翻译和语义翻译应被看作是一个整体，人们在翻译过程中不应该简单孤立地使用其中某一种方法，而应从文本的实际需要出发，交替使用这两种方法，这样才有可能得到理想的翻译效果。如果两种形式发生冲突，比如语义翻译导致目的语文本不规范或不能确保其在目的语中的对等效应，那么就应采用交际翻译法。

（三）基于文化传递的异化和归化方法

在进行语言转化时，怎么处理好源语和目的语之间的文化差异，是跨文化翻译必须要考虑的事情。跨文化翻译过程中，通常采用两种策略——异化翻译和归化翻译。关于异化翻译策略，美国学者劳伦斯·韦努蒂（Lawrence Venuti）这样定义：不刻意追求目标语的价值观，保留原文和译文之间的文化背景差异。他提倡，不可以消除源语和目的语之间的文化不同，更注重保护源语的文化和遣词造句习惯，鼓励目的语尽量去适应源语文化。

关于归化的翻译策略，韦努蒂认为：归化是指重视目的语的文化和价值观，在翻译时，使译文更符合本土的语言习惯、政治要求等。归化注重的是译文的流畅通顺，可在遣词造句和文化习惯方面代替原文。

1．异化策略

“音译／直译＋注释”属于异化的翻译策略，一般应用在“文化负载词”的翻译，比如约定俗成的道教神仙术语：

①嫘祖——Leizu, a legendary concubine of the Yellow Emperor and the creator of silk-making art

②魁星——Qui star of the Dipper

③白虎——White Tiger, a guarding spirit of the west in Taoism

④户口——hukou, the household registration

⑤关系——guanxi, personal conneetions

上述翻译方式，可以使英语语言读者更容易理解汉语所传递的文化信息。在翻译“文化负载词”时，异化策略无疑是一种最佳的翻译策略。

2．归化策略

韦努蒂曾经说过，归化策略最终要达到的目标，就是使目标语读者面对异域文本时不再觉得难以理解，因此，翻译过程中必须要遵循本土的语言习惯和文化背景，在异域文本中加入一些本土化的语言和词汇及价值观，这就是归化过程。

（1）意译

一般情况下，凡是不适合采用音译或直译方法的文本，可直接使用意译法进行翻译。在翻译过程中，译者首先要做的就是深刻理解原文所要传递的深层含义，以及原文的文化背景。特别是原文中一些隐晦的比喻、象征等手法背后的意思，译者一定要先弄懂，才可以在翻译过程中准确地将其传递出去。例如：

①元君——Female Sovereign（“元君”是对女仙的尊称）

②文曲星——Civil Chief of Tao Body（“文曲星”是指道教中掌握人间功名利禄之星神）

③紫姑——Guardian Spirit of Toilet（“紫姑”是指中国古代神话中的厕神，意译一步到位）

④精简机构——streamline bureaucracy

⑤小康社会——moderately well-off society

意译的方式还有诸如变通、释义、仿译等方式，因为篇幅的原因，这里就不一一进行论述了。

（2）借用

这是一种常常会用到的翻译方法，其是指在进行源语翻译时，找到目标语种和其相似的语言词汇，来取代源语中的词汇。借用的翻译手法，能够使译文更加符合目的语的语言表达习惯，使读者读起来更容易，使交际更加有效。例如：

①天尊——Lord of Heaven（借用《圣经》中Lord God的说法，Lord这里表明其在道教神系中的最高地位）

②天仙——Angel（这里采用借用的翻译方法把“天仙”译为“Angel”，符合英语的用词与文化习惯）

（3）回译

回译指的是将以前翻译成某一语言的词汇或者文本，再重新翻译回源语。下面几个词汇早已经被译成英文，并且在英文国家广泛传播，被普遍接受和使用。在翻译时，最佳方式就是将它们回译到英文。这种翻译方式，不必再做任何“补偿”处理。例如：

①城隍庙——Temple God Temple

②灶神——Kitchen God

③妈祖——Goddess of the Sea

④玉帝——The Jade Emperor

⑤太岁——God of the Year

显而易见，在归化翻译原则的指引下，无论是音译，还是回译和借用，任何一种方式都遵循：最大程度化解源语的异域性，使译文更流畅，符合目的语读者的阅读习惯的原则。上述译例中，回译手法的采用，也符合中国典籍英汉翻译总的原则和标准，也就是要做到“传神达意”。

第三节　中国文学英译的文学特征

合格的文学翻译人才不仅要具有过硬的语言运用能力，还必须具备深刻的文学、文字、文化的理解能力。

一、原文的语言前景化

刘宓庆先生曾从文本类型学角度，依据陈述目的和艺术目的的程度将语言文体分为常态和非常态两大类。在诸多语言表达方式中，语言眼前景化是一种较为重要的表达方式。它刻意偏离了通常使用的语言表达方式，以引起语言使用者的兴趣，促使他们主动去探寻语言表达的美学潜能。布拉格学派的学者最先提出了语言前景化这一概念，在进行文学语言的研究时，用语言前景化来描述引起读者兴趣的语言表达方法。这种对语言常规的偏离是必须通过仔细研读文本、回归文本才能判断出来的。

叶子南学者将前景化这一概念用到翻译中。他认为译者在翻译过程中要区别两种不同的前景化：一种是由于英汉语言体系的不同造成的前景化，另一种是由于原作者刻意安排语言材料所构成的前景化。王东风学者的观点和叶子南学者的观点类似，但是他把“前景化”换成了“变异”，王东风学者认为在翻译过程中，译者如果注意到了原作语言中的词语变异，就应该不做更改，保留原有文学特征。

这里的"变异"是指文学特征，包含文体上的、修辞上的、美学上的，作为一种语言的表现形式而存在，它承载着重要的主题意义和美学信息。译者要在译文中采取类似的或其他不同的艺术手法最大限度地传达原文的效果。

叶子南在《高级英汉翻译理论与实践》中列举了很多例子，说明何为语言前景化，本书引用他在书中提到的几个例子。下面的译例就是由于英汉语言体系不同造成的语言前景化现象，并不是作者刻意安排且赋予特殊的文体意义。

例1：He wasn't the eldest son of his father for nothing. 有学生问，由于英汉本身语言的差异引起的前景化，翻译如何处理？回答：这种情况下就正常处理就好，比如这句话可以译为：他这个家里的长子，可不是白当的。

例2：John is tall like I am the Queen of Sheba.（约翰要是个头高，我就是西巴皇后，换句话说约翰个头不高）。

张爱玲曾说她自己看了多遍《红楼梦》，所以当她遇到新版本的《红楼梦》时，稍微生疏点的字眼就会自己蹦出来，她就会马上发现这个版本的问题所在。文字阅读和文字翻译其实也是同理，作为译者，首先要有慧眼能在原文发现打破常规用法的内容，这就需要译者对原文语言的常规很熟悉，然后要能在译文里再现这种打破常规的效果，而这又需要对译文语言的各种表达方式有充分的掌握。

再对比下列几组句子，体会文体的细微区别。

For Colonel Mustard murder was the only solution.（没有强调效果）

Murder was Colonel Mustard's only solution.（强调效果）

Colonel Mustard knew only one solution：murder.（最强调）

Parents who give their children both roots and wings are wise.（正常语序）

Wise are the parents who give their children both roots and wings.（倒装语序）

二、原文的修辞效果

下面先以莫言原作中的修辞手法为例，探讨葛浩文在译文中是如何尽量忠实地再现相应的修辞效果的。

例 1：父亲感到烦躁不安了，公路还是枯死地躺着。（莫言，《红高粱家族》，2012：28）

译文：Father was getting fidgety.The highway lay there like death itself.(Howard Goldblatt, tr. Red Sorghum, 1993)

原文用“枯死地躺着”形容“公路”，为了突出在他们等待日本军队期间周围环境的安静，与“父亲”的烦躁不安所形成的强烈的对比。译文也很简洁和形象。

例 2：她的嗓音还是那样地根深叶茂。（毕飞宇，《青衣》，2011：124）

译文：Her singing had the same depth of roots and breadth of canopy as ever. (Howard Goldblatt and Sylvia Li—chan Lin, tr.The Moon Opera, 2007)

毕飞宇的作品拥有强烈的个人特色，擅长使用看似简约，却使人读之回味无穷的词汇。在他的作品中，经常会出现一些出乎意料的词语搭配。时隔二十年，筱燕秋重返舞台。剧团团长担心她是否能胜任嫦娥一角，提出让她试唱。此处“根深叶茂”意指主人公的京剧表演功力深厚，不减当年。译文采用了直译的手法，保留了原文形象和修辞效果。

例 3：但前世为人的经历，毕竟使我不同凡驴。（莫言，《生死疲劳》，2006）

译文：And yet my previous life as a human had made me an uncommon donkey. (Howard Goldblatt, tr. *Life and Death are Wearing Me Out*, 2008)

例 4：牲畜们受到感染，马嘶驴叫牛吼，犹如锦上添花，火上浇油。（莫言，《生死疲劳》，2006）

译文：Even the animals were caught up in the celebration：horse whinnied, donkeys brayed, cows mooed, increasing the happy clamor and adding fuelto the joyous fire. (Goldblatt, tr. Life and Death are Wearing Me Out, 2008：32)

莫言的这句话很符合前苏联文学家米哈伊尔·巴赫金（M.M.Bakhtin）所欣赏的写作手法，即市集与正统、大俗与大雅，合二为一又相互转化。“受到感染”译成“caught up in the celebration”，然后紧跟解释。“马嘶驴叫牛吼”是六个字，平行结构，译文“horse whinnied，donkeys brayed，cows mooed”也是六个字，也是平行结构。“火上浇油”一般在英语中是 add fuel to the fire，add fuel to the flame,pour fuel to the fire 之类的，葛浩文在其中加了个“joyous”，变成“adding fuel to the joyous fire”，和巴赫金式的喜庆气氛相呼应。全句翻译得非常好。

三、原文的象声词和色彩词

葛浩文曾提出“确保自己尽可能地忠实于原文的语气、语域、微妙的差别以及更多的东西”①。葛浩文在师从许芥昱先生攻读硕士研究生期间，对中国诗歌所独有的韵律之美十分喜爱，并进行了一定的探索研究，这些经历在他之后的翻译生涯中，特别是对中国诗歌、戏剧、现当代文学翻译都有着相当大的帮助。受许芥昱先生的影响，葛浩文在攻读硕士研究生期间选择的课程都与中国古典文学密切相关。许老师的文学教育遵循中国传统的教学方法，通过让学生们反复诵读，领悟古典诗词的魅力；在学问研究的方式上，许老师采用的却是西式的教育方式：组织交流研讨会，让同学们交流学习成果和经验。葛浩文通过模仿许老师的吟诵，来学习中国的唐诗。在博士研究生阶段，他又跟随柳无忌老师进行元曲的学习研究。他发表的第一篇学术论文正是对元剧的研究。元剧中许多唱词在音韵上都与诗极其相似。他发表的第一篇译文就是他翻译的朱自清散文，曾表示这“能说明我为什么比较喜欢背诵中文，而不是英语或日语。朱自清的《匆匆》虽然不是巴赫的大合唱（cantata），但在我听来旋律同样优美”②。

葛浩文之后对中国现当代文学作品的翻译，以莫言的作品数量最多，翻译也最成功。其主要原因是，莫言在其作品中会将声音作为一种重要的表达作品主题的方式，而葛浩文对中国作品的声律研究颇有建树。

葛浩文在其《檀香刑》英文版译者序言中提到了其翻译《檀香刑》时主要面

① 孙会军. 葛浩文和他的中国文学译介[M]. 上海：上海交通大学出版社，2016.

② 葛浩文. 论中国文学：葛浩文文集[M]. 北京. 现代出版社，2014.

临着三个挑战：原作独特的书名、独特的叙事方式及鲜明的韵律特点。胡伟华和郭继荣对葛浩文翻译的象声词进行了总结，认为葛浩文为重现原文生动形象的描述，主要选用直译和套用对应英语象声词相结合的方式来翻译象声词，使象声词表达得更地道、更自然。例如，将“（号锣）当当”直接通过音译，译作“Bong！Bong！”；将“（火镰）噼噼啪啪”翻译为“bang bang crack crack”。也有一些象声词找不到对应的英语词汇，这种情况下，葛浩文选择采用归化翻译策略，使译文中的象声词更符合英语语境、符合英文读者的阅读习惯。比如，将军号发出的“嘀嘀嗒嗒”的声音，翻译成“the battle cries”，以此来渲染激烈的打仗情境；当风吹过禾苗，发出“哗哗啦啦”的声音时，翻译成“the shh-shh of rustling sorghum”，能准确传达风吹禾苗的轻柔的感觉；“脑袋嗡嗡响”译成“ears were ringing”，更加符合英文表达习惯，而不能按照汉语习惯译成“head is ringing”。

叠音词由反复相同的音节重复构成，使用叠音词可以将事物的形态、声音、情感等表达得更生动传神。叠音词可使语言更加生动形象，大大增强作品的感染力。比如，在萧红的文学作品《呼兰河传》与《生死场》中就经常会用到叠音词，并成为其作品的重要语言特色。萧红讲究用印象、颜色、声音、比喻等手法，细致而自然地刻画景物，关注平凡事件与人物常见反应及内心感受，其作品极具女性写作特色。下面，例举几个例子来说明。

例 1：好像炼胶的大锅似的，黑糊糊的，油亮亮的，哪怕苍蝇蚊子从那里一飞也要黏住的。（萧红，《呼兰河传·生死场》，2009）

译文：It takes on the appearance of a big melting vat, gummy black with an oily glisten to it, and even flies and mosquitoes that swarm around stick to it as they land. (Howard Goldblatt, tr. Tales of Hulan River, 1988)

“黑糊糊的”“油亮亮的”分别被译者翻译成“gummy black”“an oily glisten”，不管从视觉上还是音韵上都试图再现原文的叠音特点。

例 2：这地方火烧云变化极多，一会儿红彤彤的了，一会儿金灿灿的了，一会儿半紫半黄的，一会儿半灰半百合色。葡萄灰，大黄梨，紫茄子，这些

颜色天空上边都有。（萧红，《呼兰河传·生死场》，2009）

译文：The variations of the fire clouds here are many：one moment they are a glowing red，a moment later they become a clear gold，then half purple—half yellow，and then a blend of grey and white．Grape gray，pear yellow，eggplant purple—all of these colors appear in the sky．（Goldblatt，tr．Tales of Hulan River，1988）

葛浩文将文中所有的火烧云颜色一一直译出来，形象生动，仿佛天空是一块五颜六色的画布。

例3：我家有一个大花园，这花园里蜂子，蝴蝶，蜻蜓，蚂蚱，样样都有。（萧红，《呼兰河传·生死场》，2009）

译文：The house where we lived had a large garden that was populated by insects of all types—bees，butterflies，dragonflies，and grasshoppers．（Howard Goldblatt，tr．Tales of Hulan River，1988）

在葛文浩的译文中，他使用了“insects of all types”这个短语，将花园里昆虫种类繁多的景象准确地描述出来，这样的直译手法，更生动地说明了后花园像一个充满宝藏的地方。

四、原文的平行结构

平行和并列结构可以营造出气势，但是如果把这些重复的结构全部翻译成英文，那么对应的英文就会是个非同一般的长句。但若不复制又会失去原作的文体色彩。比如，汉语中有大量用双重意象表达同一或相似语义的手法，葛浩文很多时候只保留其中一个意象，使译文更加简洁、精练，以下平行结构的例子均来自葛浩文的译文，为节省篇幅，不再给出整句全文和页码出处。

（一）词组

大鸣大放——the great airing of views

低声下气——kept her voice low and controlled

虎口拔牙——as hard as pulling a tiger's teeth

鸡飞蛋打——the egg breaks when the hen flies

犄角旮旯——nooks and crannies

狼吞虎咽——wolfing down their food

人山人海——a sea of people

同床共枕——share my bed

五里八乡——in the surrounding area

鱼死网破——either the fish dies or the net breaks

（二）短句

兵来将挡，水来土掩——confront soldiers with generals and dam water with earth；

另一处翻译为——When troops advance，a general mounts defense；when flood waters rise，there will be dirt to stop it. In other words，things will take care of themselves.

不打勤的，不打懒的，单打不长眼的——The only ones he hit are those who have eyes but won't see.

"当官不为民做主，不如回家种红薯！"马脸青年喊出了两句家喻户晓的话。群众便把这两句话一遍又一遍地重复着。——"Of icials who don't bail people out of jams should stay home and plant their yams！" Everyone knew that slogan，so they shouted it over and over.

葛浩文的译文保留了原文的意象"红薯"，然后添加了"jams"，用"bail people out of jams"来和"yams"达成音韵上的呼应，读起来朗朗上口。可能有学者会质疑，因为用"bail people out of jams"来译"当官不为民做主"，似乎不准确，因为为民做主的事应该有许许多多，但是此处葛浩文明显把音韵上的和谐看得更重，就浅化处理了。

五、对文本类型翻译观的接受与审视

提到翻译中保留原作的文学特征，自然会涉及文本类型学。按照英国翻译理论家彼得·纽马克的观点，文学是表达类文本，所以文学翻译和翻译信息类文本及呼唤类文本是截然不同的。这在大方向上用于指导英译中国文学当然是正确的，但是如果仔细观察，就会发现该框架的具体内容与中国文学外译的翻译实践并不完全吻合。

20 世纪 60 年代起，由于传统忠实观的内在模糊性，学者开始质疑忠实观，人们意识到只笼统地谈忠实是不行的。20 世纪六七十年代在西方翻译界盛行的是奈达的等效论。奈达在解释翻译的性质时指出，翻译是在译入语中用最切近、最自然的对等语再现原语的信息，首先是语义上的对等，其次是风格上的对等。后来的功能学派则更大胆地摆脱了传统的忠实观和后来的等效论，从注重语言上原文与译文是否对等转向更加注重译文的功能。

纽马克是功能派的代表，对文本类型的区分是他最重要的理论。传统上一般以题材来区别语篇，如文学、科技、法律，而纽马克则认为这种区别无法揭示语言的本质。在修正了卡尔·布勒（Karl Buhler）、罗曼·雅各布森（Roman Jakobson）功能模式的语言理论基础上，在 *Approaches to Translation*（《翻译问题探讨》）一书中，纽马克根据不同的内容和文体提出了一套自己的文本功能及其分类。他将文本分为表达功能、信息功能、呼唤功能、审美功能、应酬功能和元语言功能，前三种最主要。纽马克还指出，表达文本的功能核心是原文作者，信息文本的核心是内容的真实性，呼唤文本的核心是译文读者。

第二章　语言学理论视角下的英语翻译

生活环境和地域差异等决定了生活在不同地域的人与人之间必然存在着语言、思维和文化等方面的差异。要想完成得体的翻译，就应了解英汉语言的相关知识。本章将从语言学角度，主要以主位推进模式的应用、转换和搭配限制对英语翻译进行阐述。

第一节　基于主位推进模式应用的语篇翻译研究

一、主位推进模式在文学语篇分析中的应用

读者在进行文学作品文本选择时，选择的不仅仅是内容或者情节，也是选择语言和风格。不同的作者在进行作品创作时，有其特有的语言选择和风格特点。文学批评往往包含作品内容和语言形式，文本内容依赖语言形式的承载，而语言形式本身可具备文学性。作为语言学的重要概念，主位推进模式从语义和语篇视域研究文本，是语篇生成的重要形式手段，体现了语篇的谋篇意义，从一个方面反映了语篇对概念意义和人际意义的组织方式。因此本节探讨主位推进模式在文学语篇分析中的应用。

（一）主位推进模式

布拉格学派创始人马泰休斯（Mathesius）提出句子实义切分法，认为每个句子都可以从语言交际功能的角度划分为主位（Theme）和述位（Rheme）两个语义组成部分。系统功能语言学派的代表人物韩礼德（Halliday）接受并发展了这一理论。主位是小句信息的出发点，是小句的核心成分；述位则是对主位的陈述，是围绕主位而展开的内容。主位是在语篇的大背景下针对小句结构进行描述时的一个重要概念，主位总是位于小句句首，从句首开始，到话题主位截止，充当小

句主位的成分应该是及物性系统中的一个成分（如参与者、过程或环境成分）。

捷克语言学家丹斯（Danes）首次提出了“主位推进”这一概念。当一组有意义的句子构成一个连贯的语篇时，小句的主、述位之间会发生某种联系和变化，并推动着语篇的有序发展，这种联系和变化被称为主位推进。每个语篇都可以看成是一个主位的序列，在结构形式上表现为主位的衔接与推进，“随着各句主位的向前推进，整个语篇逐步展开，直至形成一个能表达某一完整意义的整体。”① 语篇的体裁、类型多样，语篇中的主位、述位的衔接多有不同，但语篇中的主位推进有规律可循的。基于其内在规律，国内外许多研究者都是在探讨语篇结构的基础上归纳了各自不同的主位推进模式。Danes 最早提出了常见的五种主位推进模式，目前常见的分类还有：国内学者徐盛桓提出的四种主位推进模式；黄衍学者总结的七种主位推进模式；黄国文学者归纳的六种主位推进模式图；胡壮麟学者提出的三种主位推进模式及朱永生学者提出的四种主位推进模式。李健等综述各家之说，在对英语语篇结构进行初步观察的基础上，提出有以下 7 种基本模式。

①主位同一型。即平行型，各句的主位相同，述位不同。

②主位派生型。由前一句的超主位派生出随后几个小句的主位。

③述位同一型。即集中型，各句的主位不同，述位相同。

④述位分裂型。由前一句的较高层次的述位分项成为随后几个小句的主位。

⑤延续型。前一句的述位或述位的一部分成为后一句的主位，该主位又引出新的述位。

⑥交叉型。前一句的主位是后一句的主位。

⑦并列型。两种主位交替出现，述位也随之变化。

李健等学者认为，语篇中各句之间主位与述位的联系和发展就是基本按照这 7 种基本模式逐步推进的。需要指出的是：第一，后一句使用前一句的主位或述位，不一定非要逐字重复原来的词语，往往是只取其中的一部分语义内容；第二，这些基本模式只是对语篇发展形式的描述，在语言的实际运用中，由于事物本身及思想表达的复杂性，往往是几种模式配合使用，语篇的整体主位推进模式就是这些基本模式在不同层次上的有机结合，各种模式都在语篇的整体框架中发挥一定的作用；第三，上述 7 种模式是语篇中最基本的主位推进模式，在某些语篇中

① 朱永生，严世清．系统功能语言学多维思考[M]．上海：上海外语教育出版社，2001．

还会出现主位推进模式的变异情况，如在意识流小说中存在着跳跃型、越级型及插入型的主位推进模式，它们体现了意识流小说散漫、立体、开放的特点。主位推进模式是语篇中语言材料的排列组合形式，是语篇中小句汇合成篇的信息流动与走向，是实现语篇功能的一种重要形式和手段，它不仅可以帮助作者有效地生成语篇，也有助于读者准确地解读语篇。主位推进模式体现了语篇的结构框架和整体走向，反映了作者的谋篇方式和交际意图，因此是分析语篇时的一个重要工具。

（二）文学文本的主位推进模式

主位推进模式不一样，反映语篇信息不一样的发展模式。无论何种语篇均会表现出某种主位推进模式，文学语篇亦是如此。在文学语篇中，主位推进模式能够凸显作品文学性，由此在读者群体中产生特定的审美反应。对主位推进模式的认识与分析有利于对文学语篇语义结构的剖析，进而能够对语篇内容有一个更准确的把握；同时，对于掌握文学语篇框架结构、语篇信息传达方式与发展方向、了解作者的创作意图，也能够起到一定的辅助作用。针对某一特定文学语篇，首先可根据句子在语篇中出现的顺序，划分出主位与述位；其次找出语篇使用的主位推进模式；最后可依据该主位推进模式反映出来的语篇结构框架厘清创作者的思路，继而了解其意图和语篇语义内容。下面以具体实例讨论主位推进模式在文学语篇中的运用。（注：在本文的全部实例中，T 指代 Theme（主位），R 指代 Rheme（述位））。

例 1：A good book (T1) may be among the best of friends (R1). It (T2) is the same today that it always was (R2), and it (T3) will never change (R3). It (T4) is the most patient and cheerful of companions (R4). It (T5) does not turn its back upon us in time of adversity or distress (R5). It (T6) always receives us with the same kindness, amusing and instructing us in youth, and comforting and consoling us age (R6). (Samuel Smiles *Companionship of Books*)

语篇中的中心主位句是“a good book”，T2、T3、T4、T5、T6 皆指代 T1，从 R1 到 R6 这六个句子全部围绕着这一个 T1 展开描述，其中六个 R6 句子角度各不相同，分别为“好朋友”、“一直是好朋友”、“永远是好朋友”、“最有耐心和愉快的伴侣”、“永不背叛”和“无条件接纳人类，给予娱乐、指导和慰藉”。该语篇中R句角度不同，句式却相同，采用同一种主位推进模式。

但因作者思维模式各不相同、性别差异、用词习惯、生活背景、教育背景、个人选择等多种因素的共同影响，导致文学文本语篇结构各不相同，主位推进模式更多呈现出多种“一主多辅”的复杂态势。

例2：The family of Dashwood (T1) had been long settled in Sussex (R1) . Their estate (T2) was large (R2) , and their residence (T3) was at Norland Park, in the centre of their property, where, for many generations, they had lived in so respectable a manner as to engage the general good opinion of their surrounding acquaintance (R3) . The late owner of this estate (T4) was a single man who lived to a very advanced age, and who for many years of his life had a constant companion and housekeeper in his sister (R4) . But her death, which happened ten years before his own(T5), produced a great alteration in his home(R5); for to supply her loss(T6), he invited and received into his house the family of his nephew Mr. Henry Dashwood, the legal inheritor of the Norland estate, and the person to whom he intended to bequeath it (R6) . In the society of his nephew and niece, and their children (T7) , the old gentleman's days were comfortably spent (R7) . His attachment to them all (T8) increased (R8) . The constant attention of Mr. and Mrs. Henry Dashwood to his wishes, which proceeded not merely from interest, but from goodness of heart(T9), gave him every degree of solid comfort which his age could receive (R9) ; and the cheerfulness of the children (T10) added a relish to his existence (R10) . (Jane Austen *Sense and Sensitivity*)

该例来自小说《理智与情感》，它是英国作家简·奥斯汀的作品。该语篇综合多种主位推进模式，包括主位派生型、主位同一型和主位延续型。如Their estate（T2）和The late owner of this estate（T4）为同一主位，her death, which happened ten years before his own(T5)和 her loss(T6)为同一主位；

而 Their estate (T2) their residence (T3) 则是 The family of Dashwood (T1) 的派生；his nephew and niece, and their children (T7) 是 the person to whom he intended to bequeath it (R6) 的延续，His attachment to them all (T8) 是 the old gentleman's days were comfortably spent (R7) 的延续。主位推进模式的多样化，可丰富语篇的表现形式，体现了语言的灵活性。

但是，在分析语篇中主位推进模式时，通常仅仅是对语篇中的一部分句子进行主位和述位分析的，所以难免有一定的局限性。为突破这样的局限性，需要从更高层面来分析语篇中的主位推进模式，于是，系统功能语言学家马丁 (J.R.Martin) 在小句的基础上，又提出了段落主位和语篇主位的观点。他指出，找到语篇主位，就可以找到语篇中的段落主位，接着又能找到许许多多的句子主位。但是，有时候一个段落中会存在许多个句群，而语篇内容也是由许多的段落主位共同构成的，所以，应该引入“句群主位”这一概念。所谓句群主位，就是指一个句群，由一系列小句组成，而句群主位，可以从语义上统领这一系列小句主位，这样的句子通常出现在句群的最前面或者最后面。总而言之，一系列的小句主位构成一个句群主位，而一连串的句群主位又构成段落主位，随着段落主位的推进，最终会形成一个语篇主位。接下来，通过一个实例来对句群主位在文学语篇分析中的作用进行分析讨论。

例 3：Five score years ago (T1) , a great American, in whose symbolic shadow we stand today, signed the Emancipation Proclamation (R1) . This momentous decree (T2) came as a great beacon light of hope to millions of Negro slaves who had been seared in the flames of withering injustice (R2) . It (T3) came as a joyous daybreak to end the long night of their captivity (R3) . But one hundred years later (T4) , the Negro still is not free (R4) . One hundred years later (T5) , the life of the Negro is still sadly crippled by the manacles of segregation and the chains of discrimination (R5). One hundred years later (T6) , the Negro lives on a lonely island of poverty in the midst of a vast ocean of material prosperity (R6) . One hundred years later (T7) , the Negro is still anguished in the corners of American society and finds himself in exile in his shameful condition (R7) . (Martin Luther King *I Have a Dream*)

该语篇为马丁·路德·金的著名演讲《我有一个梦想》中的一段，语篇中主要采用了两种推进模式：延续型和主位同一型。作者反复使用同一型推进模式，以示强调，由此表达强烈的情感，与重复修辞类似。

该语篇分为两个句群，five score years ago（T1）和one hundred years later（T4）分别是两个句群的主位，在语义上统摄后续系列小句，形成整体结构框架。语篇分析将基于小句主位推进模式的分析与更高层次（基于句群）句群主位分析结合起来，能够帮助读者对更好地理解语篇内容。

通过对语料的分析发现，通常情况下，文学作品的语篇结构复杂，其主位推进模式也更加综合，同一个文学作品中可能会融合多种推进模式，较少使用单一的主位推进模式。因为文学作品中，人物之间，事件之间的关系往往错综复杂，并且形式、内容及意义和作者的意图密不可分。为了更好地表达复杂思想，文学语篇通常运用灵活多变的主位推进模式。文学语篇中最常见的主位推进模式包括主位同一型（平行型）、主位派生型、述位分裂型和延续型。作者为了突出某种观点或充分描绘某一事物，一定会使用不同的主位推进模式，从不同的角度进行阐述和说明。有些作者会采用一种推进模式，先用总观点或概述揭示主题，再运用大量细节进行论证和描述，以突出观点并清晰地表达层次。这种模式在小说中的人物描写常常被使用。由此产生的句式倾向于主位派生型和述位分裂型。为了让文章读起来流畅自然，作者常常从前一句中的已知信息出发，引出新的信息。这种方式被称为延续型推进模式，它可以让文章信息有序地展开，思想内容得以清晰地表达。由于作者的写作风格不同，在表达思想时，对语言选择也有所偏好，因此作者在文学作品中选择的主体推进模式也会有所差异。

文章的情节是通过采用各种主位推进模式不断推进而展开的。文学作品的推进模式往往具有特殊性，因为其中包含着作者的审美取向、承载着作者的诗学意图。研究发现：在文学作品的构建和阅读过程中，主位推进模式起着关键作用。恰当的主位推进模式可以帮助作者顺利达成语言目标及生动表达诗意。采用主位推进模式来分析文学语篇，可以帮助读者更深刻地理解语篇内容，同时也能够帮助读者理解作者是如何组织语篇信息的，进而更好地欣赏文学作品。当然，主位推进模式只是分析文学语篇的一个方法，可以从多个角度来进行文学语篇的分析，以弥补这种形式化分析方法的不足。

二、主位推进模式基础下的语篇翻译

随着篇章语言学的流行，其也被引用到翻译领域，语篇翻译逐渐被翻译家们关注和研究。韩礼德提出了很多的语篇翻译的应用要素，其中的主位结构和信息结构的结构性特征对于信息传递的效率具有至关重要的意义。另外，还有一些学者，如刘士聪和李运兴研究了主位的概念，并探讨了其应用。在语篇中，描述小句结构时必须考虑主位的作用，而主位的存在必须建立在小句的基础之上。但是，在翻译过程中，译者需要考虑的不仅是单独的句子，还需要关注整个语境。因而，如果只关注翻译研究中每个句子中单独、静止的主语与谓语结构，而忽略主语和谓语在构成语篇的过程中通过主位、述位逐层推进来有序地表达语篇信息，那么这种研究方法就缺乏实际的指导意义。本节将探讨主位推进的方法在语篇翻译中所起到的作用。

（一）主位推进模式基础下的语篇翻译理论思考

丹斯（Danes）是捷克语言学家，他第一个提出主位推进的概念。他的观点是，主位推进是通过选择和排列语句的主要部分及句子的顺序和隶属关系，来表达句子与上一层次的语篇单位，如段落、章节等，以及整个语篇和情境之间的关系。同时，这样的主位推进过程，还将篇章结构框架更明显地展示出来。尽管语言表达中的主、述位的连接方式多种多样，但仍然具有一定的模式和规律。

主位推进模式是实现语篇功能的重要手段。它包括语篇中的语言材料排列组合形式，由小句汇集成篇的信息流动和走向所组成。主位推进模式在不改变意思的前提下，可帮助作者有效生成语篇，并协助译者准确理解语篇意思。在语篇中，主位推进是非常关键的信息结构，同时也是保证语篇连贯性和衔接性的重要手段。通过主位推进，可以使句子之间的信息有序地传递和延伸，从而让每个句子的内容自然地过渡到下一个句子，形成连贯的语篇。可以用另一种方式表达：把每个段落视为一个主题序列，从结构形式上来讲，是把各个主题有机地衔接起来，引导读者逐步了解全文的主旨，直到表达出完整的意义。在主位推进模式下，将语篇的结构框架和整体走向清晰地展现出来，并反映出了作者的谋篇方式和交际意图，在进行语篇翻译时需要特别考虑。

作者在创作时，往往会采用特定的主位推进模式来组织篇章结构，从而将其交际意图展示出来。因此，在翻译语篇时，译者应注意这一点，并努力在翻译中保持这种模式，体现作者的意图。特别是当原文主要使用了特定的修辞手法来达到意图时，译者应该努力再现这种修辞效果。即使无法准确重现其形式，也必须努力还原其整体的语言效果。确实，一旦翻译过程中源语语篇的主位推进模式被干扰，就会影响信息的流畅传递，从而导致语义上失去连贯性。然而，不仅需要考虑主位推进，还需要考虑语义连贯，因为主位推进只是语篇表面联系的体现，而语义连贯则体现在语篇内部的联系网络中，是语义关系的连贯。

李健等学者认为，在翻译过程中，转换主位推进模式还必须综合考虑语义因素，因为翻译实质上是一种以语义为基础的跨语言转换。在保持原意的前提下，译文应尽量与原文采用相同的主位推进模式。然而，这并不意味着译者必须舍弃语义连贯来模仿源语语篇的主位推进方式，因为保留主位推进模式必须建立在不损害译文的语言连贯性上。

英语和汉语属于不同的语系，它们在句法结构和表达方式上有各自的特点。这种差异可能会影响将源语语篇的主位推进模式保留在翻译中的程度。如果原文中所用到的主位推进模式无法在译文中自然地重现，那么就需要放弃原文中的主位推进模式。在译文中选用新的推进模式时，还要保证其连贯性。也就是说，在翻译过程中，当必须要舍弃原文的主位推进模式时，译文应该在不改变原文信息结构的前提下创建自己的主位模式，以弥补因放弃原文主位模式而造成的损失，并想办法实现原文的整体语篇效果；译文应该保持一定的连贯性，将原文所包含的信息充分传达，同时在符合译语规范的前提下读起来自然而顺畅。要确保译文中的主语、谓语及信息呈现顺序合理、语句通顺、表达的意义连贯，这样才能成功地传达源语言所体现的语篇目的和交际效果。需要注意的是，连续使用主位推进模式会对语篇的信息结构产生重大影响。当同一个主位推进模式连续在一个语篇或段落中出现时，信息结构就会更加明确。相反，如果频繁更换主位推进模式，信息结构就会变得杂乱无序。实际上，为了表达复杂的事件或思想，作者常混合使用各种主位推进模式。但是，必须确保主位推进模式的变化能够达到特定的目的（通常是引入新话题）并保持语篇信息结构的清晰，因此在翻译过程中，需要遵守转换和建构语篇主位推进模式的重要原则。

（二）主位推进模式基础下的语篇翻译实例

1. 保留原语的主位推进模式

根据研究发现，翻译过程中通常会保留原文中的主位推进模式，原因是，在翻译实践中译者经常会无意识或者刻意地去参考和借鉴原文中的主位模式。并且，根据翻译实践发现，原文中的主位模式通常也能够被保留下来。下面通过几个例子来讨论如何保留原文中的主位推进模式。

例 1：Studies/serve for delight, for ornament and, for ability. Their chief use for delight/ is in privateness; for ornament,/is in discourse; and for ability,/is in the judgment and disposition of business. (Francis Bacon, Of Studies)（注：本文用 / 划分主位和述位）

读书 / 足以怡情，足以博彩，足以长才。其怡情也，/ 最见于独处幽居之时；其博彩也，/ 最见于高谈阔论之中；其长才也，/ 最见于处世判事之际。（弗兰西斯・培根，《论读书》，王佑良，译 .）

在此语篇中，采用了分裂述位的推进模式。第一句的主位是 studies，述位有三个，分别是 serve for delight、for ornament、for ability；第二句中，将第一句中三个述位信息点充当已知信息，从而引出三个新的并列的主述位结构。在这个例子当中，译者将原来语篇中的主位推进模式做了很好的保留，同时在译文中很好地重现了原有的信息结构。

例 2：杭州 / 是中国著名的六大古都之一，已有两千多年的历史。杭州 / 不仅以自然美景闻名于世，而且有着传统文化的魅力 / 不仅有历代文人墨客的题咏，而且有美味佳肴和漂亮的工艺品。（孙万彪、王恩铭《高级翻译教程》，2006）

One of China's six ancient capital cities,/Hangzhou has a history of more than 2000 years. It/is famous not only for its natural beauty but also for its cultural traditions. Apart from a large number of poems and inscriptions in its praise left behind by scholars and men of letters through the centuries,/it also boasts delicious food and pretty handicrafts.（孙万彪、王思铭，《高级翻译教程》，2006）

该语篇采用了主位同一型推进模式，即整个文章都围绕着“杭州”这个主题展开，但每句话的表述方式不同，从不同角度描绘和描述杭州，表达作者对杭州的赞扬和推荐。译者应尽量保持原文的主位同一推进模式，但是译文中所使用的主位推进模式不够清晰，无法突出“杭州”的主位顺序，并且没有成功地展示出原文的谋篇布局的方式及作者的交际意图。

试改译如下：

Hangzhou/is one of China's six ancient capital cities with a history of more than 2000 years.It/is famous not only for its natural beauty but also for its cultural traditions.It/also boasts delicious food and pretty handicrafts as well as a large number of poems and inscriptions in its praise left behind by scholars and men of letters through the centuries.

对比该译文和原文可以发现，对于主位同一型推进模式，英语中常常通过代词或者定冠词来对主位进行连接；在汉语中，则更加注重语义的连贯性，尽可能避免重复是用代词，一旦第一个主位出现，在后面的句子中常常会被省略掉。

2. 重构新的主位推进模式

最简单的方法是在翻译中保留原文信息结构，这样就可以保留原文的主位推进模式。但是，正如奈达所言，各种语言均独具特点，为了确保有效沟通，译者必须尊重并遵循各种语言的独特特征。优秀的翻译应该避免将一种语言的结构强加于另一种语言之上，而是应该随时做出必要的调整，确保有效传递原始语言的信息。因此，在翻译过程中，如果无法保留原文的主位推进模式，应该在符合译语规范的前提下适当调整译文的主位推进模式，以便使译文句式更加流畅和完整。请看以下几个例子。

例 3：There is no more difference,/but there is just the same kind of difference, between the mental operations of a man of science and those of an ordinary person as there is between the operations and methods of a baker or of a butcher who weighs out his goods in common scales and the operations of a chemist who performs a difficult and complex analysis by means of his balance and finely graduated weights. (T.H.Huxley)

科学家的思维活动和普通人的思维活动之间／存在着差别，这种差别／就跟一个面包师或者卖肉者和一个化验师在操作方法上的差别一样。前者／用普通的秤称东西的重量，而后者／则用天平和精密砝码进行艰难复杂的分析。其差别／不过如此而已。(连淑能，《英汉对比研究》，1993)

英语更注重形合，在做句子组合的时候，通常使用各种形式的技巧来连接单词、短语和句子。重视完整的句式结构，同时注重形式与意义的表达。汉语的句子结构偏向并列式，在组织句子时往往不使用形式连接词汇，而是强调含蓄的逻辑连接和自然的连贯性，同时强调结构上的整体性。在英汉两种语言中，主语和谓语的衔接方式的差异会在句式上体现出来。因此，在英译汉的过程中，通常需要先分析句子的结构和形式，以确定其功能和意义，然后通过相应的调整，在译文中构建出地道的表达。

该译文就注意到了原文和译文中的形合、意合的不同，没有照搬原文的主位模式，而是对原文进行了拆解，从语法关系出发，化繁复为简单，再根据一定的逻辑关系，将原文的语义内容在译文中重新进行组合，构建了全新的主位推进模式，从而准确再现了原文信息。

例 4：大自然的鬼斧神工，／造就了长江三峡绝妙的奇景。气势雄伟的瞿塘峡，逶迤曲折的巫峡，礁石纵横的西陵峡，／无不风姿绰约，光彩照人；深藏其间的小三峡，／更是曲水通幽，楚楚动人，山翠，水清，峰奇，瀑飞，倾倒了天下多少游人。

The Yangtze River/ boasts of the fascinating Three Gorges created by Mother Nature in all her glory. The Three Gorges/ consist of grandiose Qutang Gorge, meandering Wu Gorge and heavily—shoaled Xiling Gorge, all saturated in splendid colors. Tucked away among these/ are three little gorges. All of them/ form a veritable wonderland of clear water with plunging waterfalls and velvety hillsides, often rising to fantastic peaks—beckoning travelers from afar.

在英语语言习惯中，更喜欢突出主语，而汉语则不然，更习惯突出话题。另外，汉语话题的特点是，成为话题的成分在某一句中出现之后，在之后的语篇中可省略，不再出现。英汉分属两种不同语系，话语结构截然不同。英语语言中，句子结构根据不同主位信息和逻辑关系交叉架构，层级推进，如链条串联。而中文语篇中，往往所有句子围绕一个主题为中心环绕式展开，铺层式叠加。由于英汉两种语言在信息组织方面存在本质差异，在进行汉译英时，若是不假思索地保留原文中的主位推进模式，那么在译文中，很可能会出现语篇结构松散、小句散乱、行文逻辑混乱的情形，需要及时调整译文中的主位推进模式，才能避免这种情况的出现。

上述例子中，汉语原文围绕着“三峡奇景”的话题展开描写，可以看出，每一句主位、述位之间的链接不紧密，推进也并不明显，语篇结构显得散乱，但是阅读整个语篇，语义依然是连贯统一的。因此，译者选择在汉译英时，舍弃中文中的主位推进模式，而是根据英文的行文习惯，采用延续型等多个新的主位推进模式，小句和句群之间逻辑衔接更为明显，语义更连贯清晰。

正如李健等学者指出，英语语篇中非常注重前后句子的衔接，注重语义上的连贯性，注重主位、述位的层层推进。在英语语篇中，主要利用语法、词汇等语言形式，把每一句的主位、述位进行衔接，明确各句之间的关系，使其能够前后连贯，从而更好地突出语篇整体的意义和逻辑。总而言之，英语语篇更注重显性连接和结构完整，以形显义。在汉语语篇中，句子的主位、述位的推进关系大多数时候并不突出，句子与句子之间的衔接基本上没有明显的衔接手段，语篇中的逻辑关系的体现，是根据句子之间的语义联系来实现的，也就是说汉语语篇更擅长隐性连贯，以义统形。语篇之间的不同，是由英汉两种语言的差异决定的，所以，在做英汉翻译转换时要特别留意这样的差异。

总之，在英汉翻译实践中，需要将语篇看作一个整体。语篇中每一句主位、述位之间是紧密衔接、层层递进的关系，带领着行文的有序推进，将作者的意图一步步清晰地表达出来。译者在翻译过程中，要将其作为重要的参照，最大程度地保留原语篇中的主位推进模式。但是也要看到英汉两种语言之间的差异性，因为这些差异性，导致某些情况下译文中无法直接保留源语语篇的主位推进模式，因此，必须重新构建更合适的主位推进模式，以便将原文信息和结构更完整、更清晰地进行传递。

第二节　汉英语篇翻译中主位推进模式的转换

从客观存在的翻译现象出发，通过对这些现象的系统描写和解释来验证一切理论模式和理论假设，这是描写译学的本质要求。目前来说，对于主位推进模式的研究大部分是理论方面的讨论，只有小部分例子作为辅助。对观察和描述翻译过程中实际发生的语际转换规律，理论研究显得较为单薄。本节通过例举的翻译文本，来观察和分析汉英语篇翻译过程中的主位推进模式的转换现象，并从中总结出转换的规律，在理论上对这种转换现象做出说明。

一、理论基础：翻译研究的描写路径

对客观存在的翻译现象进行系统描写和说明，从而验证理论模式和假设的正确性，这就是描写译学的本质。所以，想要做好语篇翻译研究，首先应当研究客观存在的、大量的翻译文本，其次从中找到语言、语篇特征的客观存在的规律和翻译的普遍性。在描写译学的总体框架下对语篇翻译过程中主位推进模式的转换进行深入细致的描写，这个过程当中，需要认真观察语篇，在此基础上找到转换过程中的规律或者非规律性现象，并分析研究转换过程中的不同的制约因素，从理论角度做出充分的、清晰的解释。寻找到主位推进模式的转换规律之后，还要在翻译实践中去证实规律的准确性。

二、主位推进模式的转换

（一）主位推进模式的转换策略

将段落视作一个观察单位，总结出三种译文对原文的主位推进模式的转换策略：直接保留、适当调整、重新建构。

1. 直接保留原文的主位推进模式

直接保留原文的主位推进模式是指在译文中建构主位推进模式时，将原语篇中的主位推进模式完全照搬过来（注：本文所有例子中T和R分别代表theme和rheme）。

例1：她（T1）男装到了十岁（R1），十岁以前（T2），她父亲常常带她去参与那军人娱乐的宴会（R2）。朋友们（T3）一见都夸奖说，“她英武的一个小军人！今年几岁了？”（R3）父亲（T4）先一面答应着，临走时才微笑说，“她是我的儿子，但也是我的女儿。”（R4）（冰心，《一只小鸟》，2013江苏科学技术出版社）

译文：She (T1) was always dressed like a male child until she was ten (R1) .Before that (T2) , her father would often take her with him when he attended dinner parties arranged for the recreation of servicemen (R2) . Her father's friends (T3), the moment they saw her, would praise her by saying, “What a heroic little soldier! How old are you now?” (R3) Her father (T4) would end up the small talk smilingly with, “She's my son as well as my daughter.” (R4)

这个例子中，原文里的R1和T2之间时延续型主位推进模式，R2和T4之间是跳跃型主位推进模式，在译文中都完整地照搬了过来。

2. 适当调整原文的主位推进模式

适当调整源语语篇的主位推进模式是指译者在建构译语语篇时，在保留源语语篇主位推进模式基本框架的前提下，对其中的部分主位推进模式做出改变。

例2：唉！这（T1）仅仅是九年后的今天（R1）。呀，这短短的九年中（T0），我（T2）走的是崎岖的世路（R2），我（T3）攀缘过陡峭的崖壁（R3），我（T4）由死的绝谷里逃命（R4），使我（T5）尝着忍受由心头淌血的痛苦（R5），命运（T6）要我喝干自己的血汁，如同喝玫瑰酒一般（R6）……（流溪，《秋思》，1993）

译文：Oh, nine years (T1) had quickly passed since then (R1). During the nine fleeting years (TO), I (T2) had trekked on the rugged journey of life, climbed up steep cliffs, and made good my narrow escape from the valley of death (R2). I (T3) had experienced the agony of a bleeding heart (R3). I (T4) had been forced by destiny to drink up my own blood like I did red wine (R4).

此例中，原文中的框架型主位推进模式（以 TO 为超主位开始直到段落结束）在译文中得以保留；在此框架下又作了一些适当的调整：原文中 R1 与 TO 构成的延续型主位推进模式变为译文中 T1 与 TO 构成的主位同一型推进模式；原文中 T2 到 T4 构成的主位同一型推进模式通过小句合并变为译文中的一句话（以 T2 为主位）；原文中 T5 与 R6 构成的交叉型主位推进模式变为译文中 T3 与 T4 构成的主位同一型推进模式。

3. 重新建构译文的主位推进模式

重新建构译文语篇的主位推进模式是指译者在建构译文语篇时，在打乱源语语篇主位推进模式的基础上，建构出完全不同于源语语篇的主位推进模式。

例 3：飞机（T1）由一个熟悉的方向飞来了（R1），洪大的震响（T2）惊动了当地的居民（R2）。他们脸上（T3）各画着一些恐怖的回忆（R3）。爬在车辙中玩着泥球的孩子们（T4）也住了手，仰天望着这只奇怪的蜻蜓，像是意识出一些严重（R4）。及至蜻蜓（T5）为树梢掩住（R5），他们（T6）又重新低下头去玩那肮脏的游戏了（R6）。

译文：A plane (T1) appeared out of the blue from a direction only too familiar to the local inhabitants, roaring to the alarm of everybody, on whose face was written memories of some previous horrors (R1). Kids, who had been crawling about over ruts playing a game of small clay balls (T2), now stopped to look up at the strange dragonfly in the sky, subconsciously feeling that something ominous was going to happen (R2). However, they (T3) soon lowered their heads again to bury themselves in the messy game (R3) as soon as the dragonfly (T4) disappeared from view behind the treetops (R4).

此例中，原文中 T1 与 T2 构成的主位同一型推进模式以及 R2 与 T3 构成的延续型主位推进模式通过小句合并变为译文中的一句话（以 T1 为主位）；原文中 T4 与 T6 构成的跳跃型主位推进模式变为译文中 T2 与 T3 构成的主位同一型推进模式；原文中 R4 与 T5 构成的延续型主位推进模式变为译文中 R2 与 T4 构成的跳跃型主位推进模式。

（二）导致主位推进模式改变的直接原因

小句的主位和述位的变化是导致主位推进模式改变的直接原因。这是因为，主位推进模式原本就是语篇中每个小句的主位、述位间发生链接与变化的组合形式。造成主位推进模式发生变化的因素有许多种，主要原因有两个：一是，强制性转换。即因为译语的语言规范而不得不进行的转换；二是，非强制性转化。即因为译者个人喜好而做出的转换。下面的译例属于典型的强制性转换。

原文：我（T1）愈怕（R1），狗（T2）愈凶（R2）。

译文：And the more scared (T1) I was (R1), the fiercer (T2) he became (R2).

经过分析研究，可得出这样的结果：将段落作为考察单位，主位推进模式的转化和段落的长短的有很大关系。通常情况下，在较短的段落中，主位推进模式被保留下来的机会就比较大；在较长的段落中，特别是含有许多句群的较长段落，保留主位推进模式可能会造成译文的不畅，因此译者更倾向于重构主位推进模式。

当然，这一研究发现还没有经过更多的实践来证明。由于在研究中选用的语料样本规模较小，研究结果并不具有普遍性，因而可信度也较低。另外，该研究所选取的翻译作品来自同一位译者，研究结论不可避免地会被译者翻译风格影响。基于这些局限性，笔者做出以下改进：首先，选取更广泛的语料，并在次基础上展开更深入的研究，从而找到更多，更具有说服力的主位推进模式转换的规律；其次，在选择研究的语料时，充分选取不同译者的翻译作品，才能够更客观地从不同的角度来观察语篇翻译中主位推进模式的转换策略；最后，在选择语料时尽量选择多种语种之间互译的翻译文本，这样做的好处是，可使研究结论更具普遍性。

三、汉英语篇翻译中主位推进模式转换的制约因素

作为实现语篇功能的重要方式，主位推进模式不仅能够协助作者更好地生成语篇，同时，也能帮助译者快速准确地理解语篇，所以在语篇翻译时，主位推进模式是应该着重考虑的因素。因为英语和汉语的语言和文化体系存在着差异，所以，语篇翻译时主位推进模式的转换一定会被原文和译文的语言、文化差异所制约。

（一）语言层面上的制约因素

1．主语突出与话题突出

因为具有主语突出的特点，英语中的主位多数情况下与主语重合。通常来说，在英文中除标记性主位之外，主位结构与主谓结构有着非常紧密的关联。同时，主位与述位之间的差异与传统语法中主语与谓语的差异，有着极大的相似性。因为具有话题突出的特点，汉语中的句子基本没有特别明确的结构特征，句子之间常常通过意合产生链接，往往以一个话题作为中心，有大量辅助句子对话题做出说明、描述。“汉语句子从本质上讲是一种以‘话题＋评论’为铺排格局的语义结构，汉语的主位基本上就是话题。”① 并且，汉语话题的一个重要特征是，如果一个成分被确定为话题，那么在接下来的句子中，这个成分往往会被省略。

所以，在英汉翻译中，必须要从小句开始，处理好英汉语言之间主位、述位转换问题，即将英语句中的“主语＋谓语”结构合理地转换成汉语句中的“话题＋评论”结构。

在英译汉时，主位问题的关键在于怎样将英语语言中的主语主位和汉语中的话题主位进行转换，这就要求在汉语译文中安排新的主位，并建立一个话题；在汉译英时，主位问题的关键在于怎样将汉语中的话题，在翻译时转换成英语中的“主语＋谓语”结构模式，并能够对原文与译文的主位和述位做出相应的转换。

从语篇层面分析，汉语中在某一语篇或段落中往往只有唯一的一个话题，其他句子信息都是围绕着这一话题展开的。在汉语语篇中，各个句子的主位、述位的链接和推进比较隐蔽，语篇结构相比英语来说也略显松散，同时又不失语义的连贯性。而在英语中，语篇结构较为紧密，往往由主位句子将其他句子组织起来，

① 李运兴．语篇翻译引论[M]．北京：中国对外翻译出版公司，2001．

并层层推进，凸显出语篇中的语义。以上就是英汉语言中，在语篇信息组织上的不同。根据上述分析，在进行英汉翻译时，译者若是将源语语篇的主位推进模式直接套用过来，那么很有可能会导致译语语篇中各个句子的主位信息产生差异，最后造成信息逻辑组织混乱、结构松散的情况。所以，在翻译过程中，有必要调整源语语篇的主位推进模式，在译文中重构新的语篇组织结构，以便使信息传递更流畅、更完整。

2. 形合与意合

“所谓形合（hypotaxis）指借助语言形式手段（包括词汇手段和形态手段）实现词语或句子的连接；所谓意合（parataxis）指不借助语言形式手段而借助词语或句子的意义或逻辑联系实现它们之间的连接。前者注重语句形式上的接应，后者注重行文意义上的连贯。”① 英语重形合，组篇造句时“常用各种形式手段连接词语、分句或句子，注重显性衔接，注重句子形式和结构完整，注重以形显义。”② 而汉语重意合，组篇造句时“少用甚至不用形式连接手段，注重隐性连贯，注重逻辑事理顺序和功能、意义，注重以神统形。”③ 形合和意合不仅体现在两种语言的句法结构上，还体现在它们的篇章组织结构上。

主位、述位衔接和推进方式上也体现了英汉语言之间形合和意合的不同表达特点。英语文章中，为了确保文章表达连贯、清晰，同时也为了体现文章的意义和逻辑关系，主要依靠语法和词汇来衔接前后句子，使句子的主语和谓语有序推进。因此，在英语文章中，需要注意显性连接和结构完整，以便更好地表达文章意义。但是在汉语中，主语和谓语之间的逻辑关系并不是太明显。因此，在前后句子中，很少使用形式衔接手段来连接主语和谓语。而是依靠句子间语义的整合来表达整个语篇的逻辑关系。这就是所谓的隐性连贯，以义统形。

从语篇的角度来看，英语和汉语在形合与意合方面的差异，对于采用哪种主位推进模式来构建语篇，起到了决定性的影响。特别是在采用主位同一型推进模式时，英语通常借助代词或定冠词来展示句子之间主位的连贯性。而汉语则常常强调语义的连续性，力求避免重复使用代词。同时，在出现第一个主语后，随后的句子中通常会省略它，这就是所谓的空主语推进模式。在汉语文本中，空主位

① 刘宓庆．汉英对比与翻译 [M]．南昌：江西教育出版社，1992.

② 连淑能．英汉对比研究 [M]．北京：高等教育出版社，1993.

③ 连淑能．英汉对比研究 [M]．北京：高等教育出版社，1993.

推进模式的使用十分普遍，而相比之下，英语文本中只有一个例子，而且这个例子完全受源语文本主位推进模式的影响。这也反映了英汉语言在形式和意义方面的差异对英汉文章翻译的影响。因此，在汉英翻译中，译者通常会把汉语文章中的空主语位置前置的模式改为英语文章中的主位同一型推进模式。在语料统计结果中，它是出现次数最多，也是最为明显的一种转换规律。

（二）文化层面上的制约因素：英汉民族思维模式的差异

不同文化的民族之间思维模式也是不一样的，具有独特性。语篇结构的不同源于思维模式的差异，因为语篇的构建过程实际上反映了人们在语言上的思维过程。由于英汉民族的思维模式不同，因此英语和中文的句子结构和文章结构也表现出不同的特点。在构建语篇的过程中，选择的主位和主位推进模式也有所区别。

英汉两个民族在思维模式上的不同主要表现在“华夏民族倾向于注重整体思维，表现为综合性思维方式，强调整体程式。而西方人则倾向于注重个体思维，表现为分析性的思维方式，强调结构程式。”① 由于中西方思维模式的差异，汉语中的综合性整体思维表现为强调整体性综合框架，并采用多个主题句。在同一主题或话题下，一组小句按照一定逻辑和顺序自然展开，组成一个形散但神合的整体。在英语中，西方的分析性思维方式常常体现为注重句子结构的完整性和逻辑的严谨性，通常使用“主语 + 谓语 + 宾语”的句子形式，并且通常不能省略主语，句子中的其他成分也不可随意选择和排列。另外，“西方美学注重逻辑思维、重理性，同时比较强调以实证为基础的形式论证，故而形成一种理性思维定式。而中国传统美学则注重知觉思维、重体悟，因而形成一种强调意念流而比较忽视逻辑形式论证的思维定式。”② 另外，西方更注重逻辑思维，汉语则善于模糊思维。受这两种不同思维的影响，英语比较重视形合，语言形式聚合，更加凸显语法；汉语则注重意合，语言形式更加灵活，语法更显含蓄。

因为“汉民族的模糊思维客观上要求其语言在使用逻辑连接词时具有灵活、简约的特征，从而使语言必然呈现出意合特征；西方民族形式逻辑式的思维客观

① 张思洁，张柏然. 试从中西思维模式的差异论英汉两种语言的特点[J]. 解放军外语学院学报，1996(5)：8—12.

② 张思洁，张柏然. 试从中西思维模式的差异论英汉两种语言的特点[J]. 解放军外语学院学报，1996(5)：8—12.

上则要求其语言在表述逻辑关系时必须依赖连接词，因而其语言必然呈现出形合特征。”① 除此以外，英汉民族在思维模式上还存在着以下几大差异，即“英民族重抽象思维，汉民族重形象思维；英民族重直线思维，汉民族重曲线思维；英民族重对立式思维，汉民族重统一式思维；英民族重主体中心思维，汉民族重主客体融合思维。”②

除了在语言的句子层面，英汉民族的思维模式也可以在语篇的组织模式上反映出来。在英语中，语篇的表达主要是通过语言形式的手段来连接句子和展示逻辑关系，主要依靠语法和词汇，表达各种意义和阐述思想。在写作时，应注重使用形式手段，以便将段落中的语义内容有机地连接起来。每个句子都应与段落主题相关联，从而使段落中的意义表达得更加清晰。英语文章的组织方式是以句子为基本单位，由一个个完整的句子组成文章，每个句子都是从前面的句子发展而来，并按照直线型的方式展开段落发展。在英语中，精选词汇并巧妙组合，秉持注重语言形式上的衔接原则，辅以多种形式变化，共同影响着句子结构和篇章结构。汉语在语篇结构上并不像英语那样受到形式的严格限制。在汉语中，语篇通常不使用形式上的链接词来连接句子或段落，而是利用意义、逻辑联系和背景信息来构建连贯的语篇结构。这种语篇结构通常比较隐晦，并且有时缺少明显的结构，但是内在逻辑关系却非常明确。汉语强调内在的含义，通常不需要运用语法和词汇的连接方法，仅靠词语和句子间的意义逻辑联系就能形成连贯的语言表达，这反映了汉语注重整体性和以意义为驱动的特点。汉语表达方式常常呈现出以意合为主要方式形成的意念流，句式多呈现流水式的特征，同时段落的划分较为随意，具有一定的灵活性。中西方的思维方式有着本质的不同，对英汉语言的特点和发展产生了制约和影响。英语和汉语在句法结构和篇章结构上存在差异，深层根源是英汉民族思维模式的差异。语篇的特定结构反映出特定的思维方式，英汉语言主位推进模式上的不同也反映出英汉民族在构建语篇时的不同思维方式。

（三）译者的翻译目的

翻译是一种跨文化交流形式，它有明确的目标和意图。译者根据预期的翻译目的和功能，有针对性地选择翻译策略和方法，这些选择在很大程度上影响语篇

① 张思洁，张柏然．形合与意合的哲学思维反思[J]．中国翻译，2001(4)：13—18.

② 王扬．思维模式差异及其对语篇的影响[J]．四川外国语学院学报，2001(1)：81—83.

结构和主位推进模式的转换情况。

翻译者的工作是将原文的思想内容传达给那些无法阅读原文的读者。因此，翻译者会尽力确保译文在目标语言的文化背景和语境下起到预期的效果，使其能够充分传达原文信息，同时符合目标语言读者的审美趣味，易于被他们理解和接受。

翻译要面对的对象是译文的预期读者，为了便于他们理解和接受，译者会考虑预期读者的文化教育程度、他们对阅读期望和接受理解能力，以此来选择更合适的翻译策略，实现其翻译目的和价值。但是，如果译文所要翻译的原文距离现在年代久远，那么就必须考虑作者和现代人在历史文化背景、思维方式和语言习惯等方面的不同，将原文作者的写作意图，采用更符合现代读者阅读思维习惯的方式加以呈现。为了实现这个目标，译者必须对译文进行适当的调整。

一方面，译者在翻译过程中需要琢磨怎样更好地传达原文的信息和思想，可能会忽略原文的形式结构特征；另一方面，还需要考虑如何在不失原意的基础上，遵循英语的语言和写作规范，以确保译文的可读性和可行性。因此，译者需要按照英语的语篇规范构建译文，会使原文的主位推进模式被保留的概率比较低。同时，译者无法避免地受到原始语言文本的影响，导致主位推进模式保持不变。当译者进行语言转换时，难免带有一定的个人偏好，这会影响译文的语篇结构，以及主位推进模式的转换。

本节概述了英汉翻译过程中主位推进模式转换的一些制约因素，这些因素一方面来自语言、文化层面，如英汉语言之间的系统性差异和英汉民族在思维模式上的不同；另一方面来自译者的翻译目的。所有这些因素共同影响着译者对翻译策略和方法的选择，导致译文中出现了改变主位推进模式的状况的发生。

第三节　汉英翻译转换过程中的搭配限制

语言之所以能够表达无限多的含义，是因为它拥有丰富的词汇和词汇之间的组合搭配能力。词汇往往会以固定的搭配形式出现，而这种搭配方式是受到限制的，也就是说，它们的搭配是有一定的规律和约束的。搭配词语使表达更加形象、生动，同时也为研究其他语言提供了丰富的素材。词语的搭配是指一个词语与其他词语一起搭配使用。因为语言和文化背景不同，所以不同的语言有着各自独特的词语搭配规律和规则。所以，在进行翻译时，译者需要关注两种不同语言的习惯和限制，以确保译文通顺自然。本节概述了搭配的基础知识，并以此为基础来探讨英汉翻译转换过程中的搭配限制。

一、搭配与搭配限制

搭配的概念最初由英国语言学家弗斯（Firth，John Rupert）在20世纪50年代提出，他指出从词之间相伴的情况来看，搭配可以被定义为词与词之间紧密结合的关系，或者是词汇中常见的习惯性共现现象。这种共现现象有助于人们理解和掌握一个词汇真正的含义。一个词的意义可以从它经常搭配出现的词语中得到体现。因此，研究词语的搭配也就是研究这些词项通常是如何搭配使用的，这些经常搭配出现的词项是可以相互预见的。作为一种普遍存在的语言现象，不同的语言学家从不同的角度研究了搭配的关系。研究人员主要从共现和选择限制的角度来研究搭配关系，因为这两个原则是搭配关系的主要体现形式。共现描述的是某些单词经常在同一上下文或文本中出现，与其他单词形成一种频繁的关联关系。选择限制原则是指在选用词汇时，需要遵守语法规则和词汇语义特征的限制。

韩礼德指出，搭配是指一些词汇在语言使用中与另一些词汇共同出现的现象。他将这种现象描述为“共现趋势”，也就是说，如果一组词汇义项在语境中使用时具有相似的词汇环境，并且经常一起出现，那么它们之间就存在着一种搭配关系。他的研究主要从语篇角度出发，探讨了搭配在词汇衔接中的作用。根据他的观点，可以将词汇衔接分为两种类型：一种是“词项复现”；另一种是“词项共现”。他认为搭配作为一种词汇衔接的手段，能够通过“词项的经常共同出现及其之间具有语义联系”来实现语言表达的连贯性。

随着语料库语言学的兴起和发展，出现了基于语料库的实证搭配研究，即用统计手段测量共现数据以确定搭配的典型性，找出词语搭配的规律。语料库语言学家（如Sinclair）对搭配的研究“着重通过词项检索研究主导词在一定间隔内的搭配词，通过语料库可以为词语的搭配（词语在语篇中有共同出现的倾向）找到统计学上的根据”[①]。基于语料库的搭配研究表明，许多词或词组在使用中呈现

① 汪榕培．英语搭配新探[J]．外语与外语教学，2000（10）：35—38，56.

出一个趋势：它们总是在一定的语境中共现，如 perfectly 常与表示积极意义的形容词搭配使用。基于语料库的研究还提出了语义韵理论。“语义韵即语义倾向，可大体分为积极的、中性的和消极的三类。”[①] 语义韵是搭配的一个语义特征，很大程度上决定着搭配的词语选择。“词汇因语义韵的不同具有不同的搭配，同时使搭配具有了与之相同的语义韵。”[②] 词语搭配的选择性限制中对语义韵的探讨深化了词语搭配研究并拓宽了搭配的语义限制的研究范围。

词汇之间的搭配并不是随意的，具有一定的范围。语义学趋向于用选择限制的机制去解释词项的组合。“跟艾弗拉姆·诺姆·乔姆斯基（Avram Noam Chomsky）提出的句法选择限制条件一样，搭配也是有其限制条件的”[③]。有两个方面的因素制约着词的搭配，即语法限制和词汇限制。根据搭配的不同性质及其限制条件，可以把搭配分为语法搭配和词汇搭配。语法搭配也称句法搭配，是指词与词按照句法规则的组合，其结构固定，用词相对自由；词汇搭配即语义搭配，是指词与词根据相互之间的语义关系形成组合。根据词汇搭配的选择限制程度可以将其分为自由组合、限制性搭配和固定搭配，“严格意义上的搭配实际上是把搭配研究限制在‘限制性搭配’和‘固定搭配’的范围内”。[④] 多数研究者从语义和修辞的角度对词汇搭配进行探讨，还有学者划认为词的搭配意义是由一个词所获得的各种联想构成的，而这些联想则产生于与这个词经常同时出现的一些词的意义。也就是说，一个词项的部分意义通过与其他词项的搭配体现出来。

钱瑗指出：“搭配这一概念从狭义的‘词项习惯搭配’发展为广义的‘词项同现’。”[⑤] 本文探讨的搭配是指出现在句子内部的词语共现，即语义层上词项的习惯性搭配，主要包括形容词和名词搭配及动词和名词搭配。在这类搭配中，一个词项的出现往往对另一词项产生限制。有位学者提出了词项的意义、词项的搭配范围和搭配习惯三种搭配限制。汪榕培认为搭配的限制条件包括“两个词概念意义

① S. Bartsch. 甄凤超.《英语搭配的结构与功能特性》述评 [J]. 当代语言学，2006 (2)：185—188.

② S. Bartsch. 甄凤超.《英语搭配的结构与功能特性》述评 [J]. 当代语言学，2006 (2)：185—188.

③ 汪榕培. 英语搭配新探 [J]. 外语与外语教学，2000 (10)：35—38，56.

④ 汪榕培. 英语搭配新探 [J]. 外语与外语教学，2000 (10)：35—38，56.

⑤ 钱瑗. 对 collocation 的再认识 [J]. 外语教学与研究，1997 (3)：46—50.

的相关性，关联意义的相关性，个别词语约定俗成的用法”[①]。可见，搭配限制包括语义限制、语境限制和约定俗成。搭配的语义限制是指形成搭配的词语之间应具有相同的语义特征或内在的语义联系，如“green cow”就违反了词语搭配的语义限制。搭配的语境限制是指某个词语搭配的意义取决于特定的语境，如在“He won the game and her heart.”一句中，“won her heart”的意义需要参照语境。搭配中的约定俗成是指不同语言中特有的那些习惯搭配，如英语中的“rain cats and dogs”和汉语中的“天干路晴”等。

二、翻译中的搭配限制

不同语言的搭配规则受到语言和文化环境的影响，因此存在差异。有时候，特定的词汇搭配在不同的语言之间是不可跨越的，一个词在一种语言中被认为是自然且流畅的，但在另一种语言中可能不会产生相同的效果。中英两种语言都拥有独特的文化、传统，以及独特的民族思维方式和审美趣味，经长期使用后产生了各自固定的表达方式和搭配用法。因而，在将英文翻译成中文时需要特别留意那些固定短语，以保证翻译的自然流畅。例如，英语中的“take medicine”对应汉语的“吃药”，英语中有时也会用“drink”（喝）或“swallow”（吞服），但不会用“eat”。汉语的“大风”和“大雨”分别对应英语的“strong wind”和“heavy rain”，但英语中不会用“big”表示“大”。这表明英语和汉语在搭配习惯和搭配限制方面并不相同，同时也表明单词的词性搭配范围是有一定限制的。不同的语言社群会对一些表达方式或语言组合有一定的偏好，这就是所谓的搭配模式化。在翻译中，源语和译语的搭配模式差异是一个难以克服的问题，尤其是那些具有文化特色的搭配，是翻译中的难题。

（一）语义限制与搭配的翻译

语言交流中的所有搭配，都是为了准确地表述意义。因此，“搭配既与词汇有关，也与句法有关。但是，最重要的也是最值得注意的是不同词汇或不同成分之间的语义联系”[②]。语言交际中的一切选择都是为了实现意义表达，词语搭配也

① 汪榕培．英语搭配新探[J]．外语与外语教学，2000（10）：35—38，56.

② 朱永生．搭配的语义基础和搭配研究的实际意义[J]．外国语，1996（1）：14—18.

是如此。“两个词在语义上没有联系不可能形成搭配，但是，每个词可接受搭配的范围是不一样的”。[①] 搭配是指词语之间存在的内在的语义联系，搭配关系则体现了词汇语义上的深层关联。这种关系在词语的共同使用中得以表现。两个搭配词的产生是基于一种基本的语义关系相互结合而成的，这种关系限制了一个单词与其可以搭配的词的范围。词语的搭配意义之所以明确，是因为搭配伙伴之间在语义层面上存在相互约束，从而形成了语义限制。例如：

① But Mrs. Norris had a spirit of activity, which could not be satisfied till she had written a long and angry letter to Fanny, to point out the folly of her conduct, and threaten her with all its possible ill consequences.

但诺理斯夫人却不行，生性好动，有话不说，如何使得，当即长信一封，语多忿恚，寄给范妮，指出她行事如何荒唐，并以种种不妙后果相威胁。(高健，《英文散文一百篇》，2001)

② There is then no sympathy, but an uneasy craving after it, and a dissatisfaction which pursues you on the way, and in the end probably produces ill humor.

这时双方之间便没有了相互了解可言，有的只是苦苦寻索，只是难满人意，结果必然使你一路不快，甚至心绪恶劣。(高健，《英语散文一百篇》，2001)

③ One of the things commonly said about humorists is that they are really very sad people—clowns with a breaking heart.

人们对幽默家常好说的一句话便是，这种人实际是些悲惨的人——一些伤透了心的丑角。(高健，《英语散文一百篇》，2001)

④ Here John expanded all his eyebrows and tried to look courageous.

这时约翰马上眉头一展露出一副英勇气概。(高健，《英语散文一百篇》，2001)

⑤ I even journeyed one long summer's day to the summit of the most distant hill, whence I stretched my eye over many a mile of terra incognita, and was

① 汪榕培. 英语搭配新探 [J]. 外语与外语教学，2000 (10)：35-38, 56.

astonished to find how vast a globe I inhabited.

一次，在一个漫长的夏日天气，我竟漫游到了一座远山之巅，登临纵目，望见了数不尽的无名广土，因而惊悟所居天地之宽。(高健,《英语散文一百篇》, 2001)

在上述五个例子中，前三个是名词和形容词的搭配，后两个是名词和动词的搭配。形成搭配的两个词由一种基本的意义关系连在一起，正是这个词对于能与之搭配的那个词施加了语义限制。在“ill consequences”和“ill humor”中，不能按照字典中的对应词把“ill”翻译为“生病的”，因为当它与“consequence (后果)”和“humor (心绪)”搭配使用时，这两个名词对与其搭配的形容词“ill”的词义施加了限制，使其意义转化为“不妙的”和“恶劣的”，以达到语义特征一致。同样，在“breaking heart”中，不能把“breaking”照字面译为“(打)碎的”，因为与其搭配的名词“heart”限制了它的词义，所以根据汉语的搭配习惯将其译为“伤（透）心的”。因此，在翻译形名搭配时，需要根据名词的意义适当改变起修饰作用的形容词的词义，以满足译文搭配中词语之间的语义相容。在“expanded all his eyebrows”和“stretched my eye over”中，英语的动名搭配难以直接转换成汉语，汉语译文转换成了“展”和“纵”，因为汉语中名词的意义对动词施加了一种特定的限制。因此，在翻译动词和名词搭配时，要根据名词的词义来确定动词的意义，以满足语义上的相容。可见，英语搭配在翻译成汉语时，有时需要根据搭配的限制，对译文搭配中的意义选择进行适当调整。

（二）语境限制与搭配的翻译

词语的使用与语境是不可分离的，语境是确定语义的重要因素，脱离了语境往往很难确定一个词的意义。词的使用一旦与语境相联系，便可能会产生语用性语义或临时性语义。同样，一个词由于搭配的原因可能会在原有的语义基础上派生出新的意义，一个词在搭配中的词义并不一定等同于它单独存在时的意义。语境对词语搭配的限制和影响主要体现在特定的语境下，搭配中某词的词义得以引申并适用于新的搭配。例如：

① Charming, rather hesitant, a heavy smoker and a heavy gambler, he had made such headway into his fortune that he had decided to sell his last major asset.

译文：他富有魅力却优柔寡断，不仅是个烟鬼，还嗜赌如命，曾经一夜暴发，却不得不决定变卖自己最后一处值钱的资产。

此例中，“heavy”一词的词义和用法在语境中得以引申，由传统的搭配“heavy smoker/drinker”扩展为新的搭配“heavy gambler”，因此可以参照常用搭配加以类推，根据前一个搭配的意义来理解后一个新的搭配。可见，语境限制了搭配中的词汇的意义。当然，这种搭配由于其独特性而难以在汉语译文中得到充分的传达。再看以下几例。

② This hair style fits her and the times.

译文：这发型很适合她，而且很新潮。

③ He lost his legs and mind in the war.

译文：战争中他不仅失去了双腿，而且疯了。

④ In order to do his homework he did not only the deskwork but also the legwork in the library.

译文：为了完成作业他不仅做了案头工作，还做了到图书馆查资料的跑腿活。

其中，“fits her”“lost his legs”“do his homework”都是英语中的常规搭配，而“fits the times”“lost his mind”“did the deskwork”“did the legwork”则分别是在特定语境中由词义引申而形成的非常规搭配，要正确理解和翻译这些搭配的意义，就不能撇开它们出现的特定语境，因为正是这些特定的语境导致了词义的拓展，从而形成了新的不合常规的搭配。汉语中也有类似的搭配，如蜜蜂是在酿蜜，也是在酿造生活；不是为自己，而是为了人类酿造最甜的生活。

（三）约定俗成与搭配的翻译

词与词的搭配在某种语境中重复出现，久而久之会形成固定搭配，进而成为习语。习语是搭配中的一类，这种词项组合（搭配）的意义与其中任何一个词项的意义都无直接关系，并且不等于所有成分意义的总和，而是作为一个固定的词义出现的，如“kick the bucket”“fly off the handle”等。搭配中的约定俗成是指不同语言中特有的那些习惯搭配，集中体现在固定搭配和习语上，它们由不可任意分割的词语固定地组合在一起，其中的成分一般也无法以其他词替代而表达相同的意义。固定搭配（包括习语）最能明显地体现出一种语言的独特性和搭配习惯，而且有些固定搭配完全是任意性的。因此，约定俗成的搭配对词汇选择的限制程度更高，原有的组成成分也由于这种限制性而往往难以在译文中得到保存，一般是翻译出整体的意义。当然，这种约定俗成的结构也会有变体，而且在翻译的选择中也不是一成不变的。

总之，语言单位的搭配具有不同程度的限制，这种限制不仅制约了搭配中词项之间的相互联系，也制约了搭配的跨语言传达。在翻译过程中既要充分考虑到搭配的语义限制、语境限制和约定俗成，以便正确理解词语搭配的意义，还要照顾到译语的表达习惯。

任何一种语言中的词语搭配都有一定的范围，超出这个范围就会难以接受。由于英汉两种语言具有不同的表达方式和搭配用法，因此，在翻译这些搭配时，既要考虑到原文语言中词语的搭配限制，又要照顾到译文语言的搭配习惯，以确保译文自然。当然，任何语言中词的搭配范围都不是一成不变的，由于新词语和词的新词义不断产生，随之会出现一些新的搭配；另外，人们为了一定的目的故意使用一些新奇的搭配，像这类有标记的创新搭配常常出现在文学作品中，体现了语言使用的创造性、艺术性。语言丰富多彩，翻译时就要具体情况具体分析，尽量使词语搭配的语义关系合理化，并符合译入语的表达习惯。

第三章　美学视角下的中国文学英译理论

本章从美学视角，阐述美学与翻译美学的联系、翻译审美的主客体、翻译中的审美活动及中国文学英译审美文化四个方面。

第一节　美学与翻译美学的联系

一、美学

“美”是在自然造化和人类实践共同作用下产生的，该词来源于希腊语aesthesis。美学是以认识论的形式出现的，是一种主观意识与客观对象的统一，有客观性和社会性的特点。

美学这门学科以“美”为主要研究内容，是由德国哲学家亚历山大·鲍姆嘉通在他的著作《关于诗的哲学默想录》中首次提出。在美学方面，鲍姆嘉通有两个观点：一是美学这门学科研究人的感性认识；二是美学对象就是对人们感性认识的一种完善。

鲍姆嘉通是首位提出美学研究对象的学者，但他的观点没有得到学术界的公认。在他之后的康德、黑格尔等学者对美学的理论形态体系进行了完善和发展。

不同学者对于美学的研究对象有不同的看法，如黑格尔将艺术和哲学等知识作为美学的研究对象，康德将人类的审美意识作为美学的研究对象。我国的学者在美学的研究对象上同样存在分歧，如孔子的“尽善尽美”观点、孟子的“充实之谓美”的观点、现代学者朱光潜则提出“美是主客观的统一”的观点。简单地说，学者对于美学的研究对象这一问题存在分歧，当前主要有以下三种观点。

一是，美自身就是美学研究的对象。即美学不将具体的事物的美作为研究对象，而是研究所有事物共同的美。

二是，美学将艺术哲学作为研究对象。这种观点得到了西方美学家的广泛肯定。

三是，美学将人们的审美经验、心理作为研究对象。这种观点的提出与19世纪西方心理学的兴起有关。心理学家认为要从心理学出发研究和解释美的现象，并将审美心理和审美经验作为美学研究中心。

以上三种观点都有其正确性但也都存在一定的缺陷，所以没有被学术界公认。笔者比较赞同第一种观点。第一种观点不仅与美学的学科性质相符，而且美本身的存在才可以解释艺术或审美经验。

因此，美学是一门将美的本质和美的意义作为主要研究内容的学科。美学有两项基本任务：一是研究人们对于客观世界的审美态度和审美关系；二是研究美感体验、美学思想、审美对象、审美意识及审美范畴等，发现美存在的本质及意义。美学是哲学的分支学科，是人类追求的反映，同时将这种追求融入诗意当中，借助生动的形象打动人心，这是美学和哲学这两门学科的显著区别。

二、翻译美学

翻译是语言转换的过程。在这种语言转换的过程中包含着译者的创造性，而任何一个具有创造性的东西都有美的内涵和特征。自然界、人类社会和艺术中与美有关的事物都是美学的研究对象。美学的审美形态包括自然美、社会美、艺术美、形式美、科技美及美的反面——丑。能够反映自然、社会、文化、思维的一种典型形式就是语言。美是语言的基本属性之一，美学的研究对象也包括语言美。翻译是与语言有关的学科，要通过语言对其进行研究。

“翻译美学”概念的提出，可追溯到1991年傅仲选的《实用翻译美学》。《实用翻译美学》是我国首部作为独立形态出现的翻译美学著作，是我国翻译美学研究理论的开端。关于翻译美学的定义，方梦之在《译学辞典》中将翻译美学定义为揭示译学的美学渊源，研究美学对译学的意义，使用美学的观点分析翻译的艺术性和科学性，结合美学的基本原理提出翻译不同问题的审美标准，分析、阐释和解决语际转换中的美学问题。

通过对原文和翻译者的特点进行深入研究，分析审美对象的组成和翻译者的主观作用，明确审美主体与客体之间的相互作用，并提供可实现审美再现的多种翻译类型和方法，有助于指导翻译实践。毛荣贵先生进一步简练地定义了翻译美学的研究范围，其包括翻译中的美学对象（包括原文和译文）、美学主体（即译者和读者）、美学活动、美学判断、欣赏和标准，以及翻译过程中充满创意的美学再现等。

一般认为，翻译美学运用再现的方式，研究审美主体、审美客体及二者之间的联系，以传递审美客体不同层面上的美学信息。通过遵守多元美学的原则，在评估译者的语言移植技巧和美学信息鉴赏力时，确保保留并呈现原文和目标文化的深刻内涵和丰富底蕴。就是说，译者可以运用美学的标准来作审美判断，分析原文和译文中的美学要素，并尽力使译文表达与原文相同的美学元素。这表明原文、译文和翻译过程密不可分，它们构成一个不断变化的艺术创作并具有艺术审美的特征。

（一）西方的翻译美学

西方翻译理论起源于西方古典译论，是在古希腊、古罗马文化相互交流的过程中形成的。古希腊、古罗马文化因受到不同的政治因素的影响呈现出不同的发展态势，这种发展态势影响了翻译倾向和译学思想的改变。例如，在古罗马征服古希腊之前，古希腊文化遥遥领先，古罗马人非常崇敬古希腊文化，在翻译希腊的著作时将原作奉为至宝。古罗马通过翻译古希腊著作学习古希腊文化，其文化得到了很大的提升。古罗马对古希腊著作的翻译促进了西方古典译论的发展，而这个过程受到了古典哲学和古典美学的影响。

古罗马著名的翻译家西塞罗的翻译理论被视为西方翻译理论的开端。西塞罗的翻译理论在很大程度上受到了柏拉图的美学思想的影响。针对古典美学观，柏拉图提出了以下观点。一是“美本身”的问题。这是指任何一个美的事物都要具有自身成为美的潜在品质。二是美的相对性和绝对性的关系问题。三是美的理念论。柏拉图认为理念是一种模态或元质，是绝对的、不容置疑的，是一切事物的原型所在，即“美”是绝对的、永恒的。四是美的认识论。

西塞罗提出了气势论和自然论的观点。他认为译者在翻译著作时要像一个演说家一样，使用合乎古罗马语言习惯的语言翻译作品，以实现吸引读者、引起读者感情共鸣的目的。

古罗马诗人贺拉斯所提出的翻译理论与西塞罗的翻译理论非常相似。他不赞同只重视原文不重视译文的翻译观点，而是注重活译。他在其著作《诗译》中提出了“忠实原作的译者不会逐字死译”的观点，并提出了“意对意”的翻译原则。因为“逐字翻译”只是做到了字面上的忠实而没有做到含义上的忠实。翻译理论中“忠实”这个问题就是贺拉斯提出来的。作为抒情诗人，贺拉斯还主张在翻译实践中要遵循审美标准，要从艺术层面研究翻译。贺拉斯非常认同斯多葛式的淡泊美和泰勒斯主张的自然美。

综上所述，从西塞罗和贺拉斯提出的翻译开始，西方古典译论就与美学的关系十分紧密。他们提出的翻译主张也成为西方美学译论的光辉起点，对后世的翻译理论产生了深远影响，同时促进了拉丁文化在欧洲的传播。到了近代，很多美学家进入翻译问题的讨论中来，并提出了大量的有启发性的观点。即使没有足够有力的证据证明目前流行的翻译理论都和美学有关系，但深入研究就会发现任何一种翻译理论都受到了美学思想的影响。翻译学和美学的结合导致了翻译美学这门学科的形成。

（二）中国的翻译美学

1. 中国翻译美学著作

我国很多学者在研究翻译美学后撰写了有关著作。

（1）《实用翻译美学》

该书由傅仲选于 1993 年撰写，是我国首部研究翻译美学的著作，标志着我国翻译美学研究的深化。该书重点探讨了以下几个问题：翻译的主客体、翻译实践中的翻译活动、翻译审美标准和翻译的审美再现活动等。中国现代翻译美学在很大程度上受到了西方翻译美学的影响。《实用翻译美学》是中西方翻译美学相互融合的结果。

（2）《翻译美学》

该书由毛荣贵于 2005 年撰写，从主体篇、问美篇、朦胧篇、实践篇四个方面分析了翻译美学。

（3）《翻译美学导论》

该书由刘宓庆于 2005 年撰写，集中分析了翻译的运作机制，研究了翻译的艺术性、科学性，并论述了翻译审美客体与主体、审美心理结构、认知图式、审美再现的一般规律、翻译者的主观能动性等内容。

2. 中国翻译美学的理论特征

中国翻译美学的理论特征有以下几点。

(1) 继承和发展了传统译论

中国的翻译美学是建立在中国传统译论之上的，同样的，美学理论中的重要组成部分也是翻译美学的重要组成部分。中国的翻译美学，是指流传下来了传统译论中意与象、神与形、意境、风格等内容，并对其加以总结和概括，从而对其进行科学化的解释和发展。现代学者撰写的有关翻译美学的著作对传统译论进行了解读。例如，刘宓庆在形式系统和非形式系统中论述了形与神的问题，并在非形式系统中具体研究了意象、意境等问题。由此可见，中国现代翻译美学没有摒弃古典美学的精华部分，古典美学在现代仍然是翻译美学的重要来源。

(2) 研究和论述方法从宏观到微观逐渐深化

前人在分析和论述翻译审美客体时多使用概括方法，但现阶段的翻译美学研究正在朝着微观方向发展。例如，先前在形容翻译审美客体时多采用神韵、气势和风骨等模糊的表达方法，但现在对翻译客体的形容主要是从字、词、句、意境和意象等方面着手。傅仲选研究了翻译审美客体的语言形式美和意美，他分析出了形式层面和内容层两个部分，其中属于形式层的是音位层、词层、句子层，属于内容层的是意义、实用意义、语言内部意义等。另外，在实用意义中还详细分析了语体色彩、感情色彩、语域色彩及词的转义等内容。

(3) 借鉴和运用西方翻译美学理论

当代西方有很多翻译流派，可以借鉴西方翻译美学中的精华部分，使我国的翻译美学理论体系更加丰富。例如，接受美学着重分析读者、文本在接受活动中所处的地位和发挥的作用。接受美学认为读者的理解能力、期待视野和审美能力等对译文的理解有直接性的影响。也就是说，读者的理解是翻译审美客体审美价值实现的基础。因此，译者要在翻译过程中发挥自身的主体性作用，对原文的写作风格和阅读视角进行调整。

中国当代翻译美学以古典译学思想为基础，融合了西方翻译美学中的一些理论，使自身的翻译美学理论体系更加丰富。在某种层面上说，现阶段中国翻译美学已经形成了理论框架，并且在研究方法和论证方法上体现出科学性的特征。但是中国翻译美学研究尚未完全成熟，研究范围存在局限，研究视角比较陈旧。我国翻译美学研究的不足之处有以下几点。

第一，翻译审美主体在还原翻译审美客体中的美学形式时主要集中在显性的美学信息和客观性的美学信息上。这表明译者在使用目的语表达与原文相同的美学效果的语言和手段不足。此外，在评述译文中再现的美学信息时主观性太强，不具有互文性。

第二，意美再现的研究不充分，即对审美客体深层次的美的研究不充分。意境是中国古典文艺美学的核心，也是翻译实践中最困难的部分。如何让翻译能够传达出原文所呈现的情感，让读者在阅读译文时能够与阅读原文时一样感受到相同的情感和美妙体验，而不改变原文的意义，这是翻译美学研究中不可避免的课题。我国的翻译美学的研究非常缺乏对汉译英过程中意境传递的研究。

第三，现阶段翻译美学对翻译审美主体，即译者的审美能力和审美心理等内容的关注过多，这是翻译美学理论发展的表现，研究审美主体心理特征是美学的特点的反映，即研究人的感受和审美心理。但过多地研究这些问题会给人带来玄虚感，缺乏对翻译实践的指导意义。

第四点，目前的翻译美学缺乏对读者的研究，重视的是审美主体与审美客体之间的关系。审美行为需要人类主体本身进行，读者的审美观念和标准会受到其所处的社会环境、文化氛围、生活背景和历史时代等因素的影响，因此形成了不同的审美偏好和需求。这对审美客体即译文审美价值的实现有影响。因此，在研究审美客体时也要分析人在翻译实践中的能动作用。

3. 中国翻译美学的发展方向

有学者认为中国翻译美学在今后的发展需要注意以下两个问题。

（1）倡导中西结合的译学发展途径

第一，翻译研究和翻译美学研究的重要内容之一都是传统译论向现代译论转换的问题。中国美学有着悠久的历史，诸多先贤们致力于翻译美学学科的完善和理论的建构，发展到今天已经积累了大量的经验，因此要对传统翻译美学中的精华部分进行总结和阐释，以使现代翻译美学理论体系更加丰富和完整。

第二，西方翻译流派非常多，如语言学派、描写学派、文艺学派、综合学派、文化学派、多元系统学派、解构主义学派、后殖民主义学派等，这些流派的研究促进了翻译美学的发展。翻译美学的研究应借鉴这些流派中的精华内容，使翻译美学的研究更加深化。

（2）倡导宏观和微观相结合的翻译美学研究模式

翻译美学的宏观研究主要是指对翻译语用美学、文化转换美学、翻译篇章美学等方面的关注，要立足于整体翻译美学的研究内容，进而提高翻译美学的研究水平。翻译美学的微观研究是指研究各种文体，而体裁不同的文体有不同的审美标准、审美构成和审美再现标准，要从不同的角度出发分析微观方面的翻译对象，并以此为依据制定翻译标准，如制定科技文体的翻译美学标准，为翻译实践提供具体的指导。

（三）翻译美学的研究对象

翻译美学研究的是翻译作为一种艺术形式的美学原则和规律，旨在探究翻译作品的艺术价值和审美体验，深入探讨诸如形式美、语言美、文化美等方面的问题，从而提高翻译质量，提升翻译文化水平。研究对象和研究任务之间存在着紧密的关联。这些问题是研究翻译美学的探索者必须面对和解决的。尽管一些学者提出了翻译美学的任务是应用基本的美学和现代语言学原理，对语言转换中的美学问题进行分析，以提高读者对翻译审美活动的普遍规律认识、进而提升对译文的审美鉴赏能力并解决具体翻译问题，但该说法只是泛泛而谈且含糊不清，无法使人真正理解翻译美学研究的对象和任务。

使用美学基本原理对美学观点进行整理，并将其与翻译学联系起来，以此来诠释翻译美学的任务。探讨美学理论在翻译学科中的应用和美学对翻译学的重要意义。探讨、阐述及解决语言之间转换时所涉及的美学难题。

要翻译美学，首先需要了解翻译审美的主体和客体的基本属性，然后深入分析客体的审美构成及主体的审美体验和再现美的能力。其次，需要确立审美体验的主客体间相互关系，同时探究在翻译实践中采用的不同类型和方法，以达到再现审美的目的。最后将相关的理论应用于翻译实践，并以此为指导。总的来说，需要找到一种方法，确保翻译风格和翻译实践相互协调，达到最佳的翻译效果。翻译美学研究的核心是探讨翻译中的美感主体、美感客体及美感表现手法。

（四）翻译美学的基本主张

1. 翻译的艺术美

翻译具有科学和艺术两重属性。艺术的属性是美，所以翻译艺术的美也就表现在所有的翻译实践活动中，因此，艺术美也存在于翻译的全过程。并且，无论翻译的原文怎样，译者在翻译实践中一直肩负着艺术选择、艺术加工和艺术优化的任务。翻译活动是一项审美活动，这是由翻译艺术的复变存在性和贯穿始终性决定的。

2. 翻译的“再创作”

在文学翻译中，翻译主体（译者）必须对原文翻译进行“再创作”，必须懂得如何做到对原文的艺术模仿和对译文的艺术加工（创造）的完美统一。这些都是翻译主体（译者）必须面对的问题。翻译文学的成功，不仅取决于原著的艺术价值，更取决于译作的艺术审美价值。只有当译作在目的语国家中占据一定地位，得到评论家和历史学家的认可，并成为流行的经典之一，才能算得上是成功的。文学翻译具有“再创作”的特性，因此翻译实践在模仿原文艺术风格并创造新的艺术作品方面都具有重要意义。

3. 翻译的“形似”

翻译中一直提倡的“形似”，既是对翻译语言的要求，也强调了目的语语言形式在文学语篇的美学构建中的重要地位。文学翻译不仅要求“审美”，即透彻理解原文意思，并如实反映原文内容；还要在保持原文作者的写作手法及所采用的修辞手段的基础上，力求完整还原原文的形式之美。这就对译者提出了很高的要求。译者需要识别蕴含在原文表达方式、篇章结构和交际意图之中的审美要素，选择符合目的语读者的表达方式，尽量传递出原文的思想内涵和逻辑关系。因此，译语的准确性、形象性、逻辑性及和谐性便成为译文审美效果的关键。不难看出，翻译美学是一门高级艺术，对翻译主体的综合能力是一种挑战。这也就是为什么说翻译一篇文章也许不难，但成为一名译者甚至是翻译家却难上加难的原因。

在实际翻译实践中，尤其是语言学习者或译者在不了解翻译美学的对象、原则及相关主张时，他们首先考虑的是语言的准确性，继而才会对语言提出更高的要求，即语言美。英语学习者无不怀有这样的梦想：将把英语说得跟母语一样美！这里所说的美，一是指语言美，操一口流利的英语，富有感染力；二是指措辞美。表达方式地道，更具文化性，对语言更具掌控力。正如钱冠连所言，美学语言学的审美起点有两个，一是美是客观的；二是语言的美是以有声语言的美为基础的。现实中，如果英语学习者能以英语的惯用方式流利地表达、交流，人们就会觉得其英语说得极美。但是英语说得极好的人会遇到的一种情况就是对于英汉互译反而无从下手。究其原因，其实是译者不清楚翻译美学的对象、原则及相关主张，这就对翻译工作者提出了更高的要求。对译者而言，翻译不仅仅是单纯的源语—目的语的转换过程，从源语到目的语的转化绝非直译般简单，因为该转化过程始于对源语的理解，也可以说这是对源语中所有的关键词义和行文难点进行解密的过程，同时也是理解把握作品的题材、思想内容和语言风格的过程。换言之，这也是消除理解原作中遇到的很多障碍的过程，如词义障碍、句法障碍、惯用法障碍及文体风格障碍等。如果无视这些语言上的障碍，试图凭主观意念来揣度原作的思想内容，译文就会失之毫厘，差之千里；不仅不能传意，更不用说再现翻译之美。翻译美学的研究是建立在对源语准确、深刻的理解之上。

译者首先要在透彻理解原作的基础上，考虑如何用目的语准确流利地翻译出源语的意思，继而力图再现源语之美。这是考验译者能力的关键点。翻译要上升为美学层面、传神达意、符合目的语读者的阅读习惯，译者就要耗费脑力、精心揣摩，方法不一而足。

如果译者都能把译作本土化，甚至进行翻译的再创作，接本族语言的地气，其译作应当是一部好的文学作品；如果译者能从语言上、文化上更准确地把握译文的话，那么其作品的意境更美，效果也就更好。

诚然，对源语的准确理解是翻译成功的基础，但这仅是翻译工作的第一步。要让翻译达到“雅”的标准，使文章读起来美；让译语读者如读本族语文章般轻松、又能体味来自异域的文化风情，译者更需在翻译美学上下功夫。作者试图和读者一道，从翻译审美的角度重温一些名篇佳作，欣赏它们体现出的美，从源语中发现美的文字和美的风格，在译语中感受外来文化的力量，学习和借鉴那些优秀译者的翻译技能和语言功底。总之就是要做到：语言、文化与艺术逐级升华；继承、创新与优化完美结合。

第二节　翻译审美的主客体

一、翻译审美主体的内涵

翻译者和读者是翻译审美的两个主体。在实际的翻译实践中，审美主体主要是指译者，因为译者是再现原文审美价值的能动因素。不同学者对翻译的审美客体与审美主体持有不同的见解。刘宓庆认为翻译的审美主体就是翻译者本人，这也是普遍意义上的审美主体，是被大众所接受的。傅仲选的观点概括起来，就是译文编辑是翻译过程中的审美主体之一，负责对译文进行修改和润色；读者在阅读译文时成了最后的审美裁判，通过这种方式来感受原作所蕴含的审美魅力。读者是译文美学鉴赏的主体。译文编辑需要审美评估原文和译文的质量。这种观点有其自身的道理，实际上这就是傅冲选将刘宓庆翻译审美主体的具体化及延伸化，从细微处着眼，细化了审美主体。所以，通常情况下，译文编辑和译文读者就是翻译的审美主体。总体说来，翻译美学就是在总结和提炼国内外各家审美思想的基础上归纳、演化而成的，旨在翻译方法、翻译手段和翻译经验等方面为译者提供指导，使译者更易于理解原文中的审美信息，并且在译文中将这些审美信息进行再创作。之所以说译者才是真正意义上的审美主体，是因为这从译文文本的存在、译文质量的保障、译文对原文审美要素的再现这三个方面进行分析来看的。译者是翻译行为的主体。在完成翻译行为的过程中，作为原作意义的激发者和译语文本的生成者，译者不可避免地会把有别于他人的主体因素带入意义的理解和生成的过程。译者的语言修养、审美能力、个人经历、性格气质、社会环境等因素不可量化，却都会影响他的翻译理念、翻译策略和翻译方法，最终对翻译结果产生不可忽视的影响。译者作为翻译的主体，既是原作的读者、感受者、研究者，也是阐释者、传达者。

翻译相较于其他语言活动的独特魅力，就在于翻译是译者在理解原文的前提下进行的文本重构。人对意义的理解本身就是主观能动的，是不断用新的符号去阐释旧的已有的符号的过程，是从一系列符号能指最终回到所指的过程。同普通的阅读和理解相比，翻译中的阅读和理解过程是一种更加自觉的、目的性更强的行为，其目标是在另一种语言里用新的能指重新建构意义。作为普通读者，译者对原文意义的了解可以是模糊的、多层次的、不确定的，也可以存有疑惑，但是一旦要在译入语中把意义重新固定为符号，译者就必须澄清阐释。翻译始于对原文的理解，终于译入语中的表达。从对原文进行理解阐释开始，直到在译语中重新书写意义，生成新的文本，译者始终面对着种种可能性，所做的每一项选择都会在译文中留下痕迹，从而体现出两种语言文化之间的关系，表现出译者所处的时空与意识形态等方面的特点。不论人们是否认同译者在翻译行为中表现出的主体性，译者的主体性都是无法否认的存在。原文作为审美客体，其审美构成直接影响到译作的审美价值的实现；译者作为审美客体，其审美功能对译作的审美价值的实现也有影响。审美主体和审美客体相互统一才能实现审美效果，即翻译审美主体的审美功能是翻译审美客体的基本前提。

二、翻译审美主体的属性

（一）翻译审美主体的主体性

刘宓庆在《翻译美学导论》中对作为翻译的审美主体之一的译者的有关身份和责任作了明确的阐述。据刘宓庆的观点，作为翻译主体的译者首先要受制于审美客体即所谓的翻译对象或文本，具体为：受制于源语形式美的可译性限度、源语非形式美的可译性限度、双语的文化差异及艺术鉴赏的时空差。其中审美主体面临的一个最为基本的限制就是双语间的差异性，包括语义、语法、表达和思维等表层和深层的差异性。这些是客观存在的必然。刘宓庆探讨了翻译审美主体的另一基本属性，即译者的主观能动性，指出主体与客体表现为一种能动的、交互的、实践的辩证关系，艺术则是体现这种辩证关系的载体和纽带。

在翻译史上较早明确提出“翻译即艺术”及“美的原则”的翻译家是林语堂，他主张翻译艺术者须把翻译自身事业视为一种艺术，这与意大利著名文艺批评家贝奈戴托•克罗齐（Benedetto Croce）所言的“翻译即创作”有着异曲同工之妙。翻译作为一种艺术，已经在中西译论界得到相当多译论者的肯定。在整个审美艺术活动中，毫无疑问译者是翻译审美的主体，处于中枢地位。

（二）翻译审美主体的制约性

译者的翻译活动不同于作家的创作活动，译者的翻译会受到原文的限制，即受到审美客体的限制。学者刘宓庆认为译者在翻译过程中会受到以下 4 项主要因素的限制。

1. 原文的形式美的限制

原文的形式美的限制主要是指受到原文的形式美能否翻译的限制。例如中国古典格律诗在翻译成其他语言后会失去其形式美——音韵和谐、语义相对、字数相等，译者需要使用其他方式弥补失去的形式美。

2. 原文的非形式美的限制

原文的非形式美的限制主要是指受到原文自身非形式美是否可译的限制。非形式美是指不能直观感受到的美，如艺术作品蕴含的气质美等。非形式美虽然来自语言的外像，但非形式美实际上是艺术家的思想在艺术作品中的升华，源于欣赏者和艺术家的视野融合之处，并对译者的翻译有制约作用。

3. 原文和译文的文化差异的限制

原文和译文的文化差异的限制主要是指受到原文和译文之间的文化差异的限制。文化体现出审美价值，而民族性和历史继承性是审美价值的典型特征。译文读者获得的情感往往不同于原文的审美价值在原文读者心中产生的情感。

4. 原文和译文的语言差异的限制

原文和译文的语言差异的限制主要是指受到原文和译文的语言差异的限制。在词汇方面，英语的词汇语义灵活、语义范围广，但汉语的词汇语义固定、语义范围狭小；在语法方面，英语句子中的各个成分的形态非常明显，汉语句子中的成分的形态则不明显；在表达方面，英语多使用被动语态进行表达，但汉语很少使用被动语态进行表达；在思维方面，英语注重形合而汉语注重意合。

除上述因素以外，处于不同时代背景的人们的审美标准是不同的，即审美活动有时空差的特点，这也会限制译者的翻译。

（三）翻译者的审美条件

审美条件是指译者自身的审美趣味、审美感受和审美体验等，这些因素对译者能被原文中的美学信息吸引，进而进入审美角色进行审美活动有决定性作用。

译者的审美标准会受到其所处的文化背景、时代背景、阶级层次和地域特征等因素的影响。译者的审美标准会影响译者对美学信息的感受力。此外，译文的美学信息也会受到译者的审美能力、审美修养和审美情趣的影响。审美能力因人而异，但人类的审美标准存在共性，这种审美标准上的共性为美学的翻译提供了理论上的可能性。译者要在译文中表现出原文中的美学信息，不仅要注重读者的能动作用和审美习惯，还要将原文中的社会价值和美学功能充分发挥出来。因此，这就要求作为审美主体的译者要具有审美理解力、审美感受力、审美情感、审美体验、审美心境和审美想象力等，这样才能在翻译审美活动中相互作用，找出作品中的美学价值、社会价值并顺利移植到译作中。有学者认为译者需要具备以下四项审美条件。

一是，审美主体的“情”。其是指译者的感情。审美主体的“情”是关系到译者能否得到原文的美学信息的重要条件。

二是，审美主体的“知”。其是指译者对原文的审美判断，一般由译者的洞察力决定。

三是，审美主体的“才”。其是指译者的能力和才能，如语言分析能力、语言表达能力和艺术鉴赏能力等。

四是，审美主体的“志”。其是指译者研究翻译的意志力。

在以上四项审美条件中，“情”和“知”侧重于译者判断原文的美感，“才”和“智”侧重于译者能否在译文中再现原文中的美。翻译这门学科具有很强的艺术性和技术性，译者要具有高水平的知识和翻译能力来处理在翻译过程中可能遇见的各种问题。在翻译过程中，译者要运用语言分析能力、语言表达能力和审美判断能力对原文进行重组。在文学作品的翻译中，译者需要在译文中表现出原文的语言美，使译文传达出原文中的美学信息。语言是文学的信息，文学的美感由语言构筑而成。译者要在解读和品味原文的语言后，将其翻译成译语语言。译文的合理使用以美感为前提。在译文中表现出和原文一样的活力和张力将会使译文的读者和原文的读者一样收获相同的心理情感和美感体验等。

（四）翻译者的主观能动性

在翻译活动中译者会受到一些因素的制约，但是译者有其主观能动性。译者在翻译过程中要认识原文、解读原文、鉴赏原文，同时使译文表现出原文中的美，而这需要译者对美进行创造。译者不是被动接收译文的美，而是发挥其主观能动性对美学信息进行加工，进而使美学信息在译文中再现。简单地说，译者既是审美主体，也是创造美的主体。以文学作品的翻译为例，译者在翻译文学作品时要将自己融入原文之中，分析原文中的美学信息，分析译文读者的审美情趣，比较原文读者的审美情趣和译文读者的审美情趣的不同之处，发挥自身的主观能动性，缩小二者在文化方面和审美方面的差距，在译文中糅合自己的美学信息，使译文的读者获得与原文读者相同的心理感受，欣赏到相同的审美价值。具体来说，译者在翻译实践中的主观能动性主要表现在以下五个方面。

一是，译者在翻译实践中最大程度地发挥审美能力。

二是，译者在翻译过程中缩小原文和译文之间的语言、社会、文化、交际和心理等方面的差距。

三是，对原文和译文进行调整，使其更加优化。

四是，重视原文和译文、译者和读者之间的关系。

五是，充分发挥文化的顺应功能，使读者能够接受译文，并对译文进行审美判断。

由此可见，译者的主观能动性一般通过审美过程体现出来。

译者需要在翻译过程中发挥自己的主观能动性是因为译者在翻译原文时要面对原文语言和译文语言之间的不同之处。译者的职责包括通过翻译传达出译文和原文的语言和文化之间的相同之处和不同之处，这不仅是译者的职责，也是译者从事翻译行业的动机。对于译者来说，根据原文创造新的词汇、从原文中引进新的语言结构、吸收原文的的精华部分能够丰富自身的文化语言。

（五）读者的能动作用

翻译审美主体也包括读者。读者在阅读译文的过程中也会发挥能动作用，主要表现在以下 3 个方面。

1. 读者对译作的选择

读者对译文的形式和内容的取舍会受到他的审美标准和意识形态的影响，读者的审美标准和意识形态对其阅读译文的重点、对译文的态度和评价有影响。读者对译文的审美取向会影响译者选择翻译的题材和体裁。

2. 读者对译作能动的评价

读者在阅读译文时会在自己的审美知识、审美经验和审美感受等的基础上对译文中美学信息做出理解，根据自己所处的时代的标准判断和评价译作。在这个过程中，读者的活动属于创造性活动，是读者的价值观念、主观倾向和文化素养的具体体现。

3. 读者的审美观念和标准的改变

译文会影响读者的审美观念和审美标准等，使其不断改变，这也是读者能动作用的具体表现。读者在阅读译文的过程中会理解和接受译文中传达出来的文化信息和美学价值。在这个过程中，读者通过接受来自其他文化而扩展自己的视野，丰富自身的审美经验，提升自己的接受能力，使审美观念发生改变。读者的审美的变化又会反作用于译文的出版和传播。

三、翻译审美主体的任务

在翻译实践中，审美主体的主要任务是将审美客体由一种语言转换成另一种语言的文本，并最大限度地保留其中的美学要素。因此，审美主体必须要熟练运用各种审美再现手段，保证译文和原文在美学层面上的相似性。由此可见，在翻译美学的研究内容中审美再现手段最为重要。到现在为止，学术界对于翻译审美再现手段的分类形式并没有达成一致，众说纷纭。有的学者在实际的翻译技巧方面提出了减词、增词、替代、引申、反面着笔、分译和合译等审美再现方法。它们是传统意义上的翻译技巧与手段，是传递美学的手段的具体表现形式。这点在张培基先生的《英汉翻译教程》中得到了最好的诠释。还有学者在翻译的指导原则方面，提出了模仿、重建、虚实转换、隐显转换和收放转换等再现手段。这是对传统技巧和手段的升华，由实转虚。

但本质上，两者的着眼点都聚焦于“审美再现”这一翻译美学概念上。在文学作品的翻译中，审美再现是指译文要表现出原文的情、志、美、修辞的模式美、语言的形式美、篇章的结构美和音韵的声律美。简单来说，就是再次呈现原文中所有美的东西。

那么，可以把翻译中审美再现的研究都归纳到三个层面：首先，在语言层面上，研究如何模仿原文中的各种结构美和形式美；其次，在文化层面上，分析怎样保留原文中特有的民族化语言表达方式；最后，在艺术层面上，分析怎样再现原文中内容与形式的统一关系。这涉及对原文的沿袭与译文再创作的问题，因此，对该内容也可以理解为研究如何达到“形似”与“神似”的完美结合的问题。

翻译中审美再现研究的这三个层面决定了翻译审美再现手段研究的主要内容是作为较大翻译单位的段落和篇章，而不是作为微小翻译单位的词汇和句子。因此，在准确掌握词汇的内涵意义与句子的结构关系的基础上，运用正确的翻译技巧，从段落和语篇的角度对原文进行翻译和审美再现，才是翻译审美的正确途径，也是对译者的语言程度及理论水平的检验。

四、翻译审美客体的属性

审美客体一般是指能够激发起人类的审美感受的事物，并能够和人类形成审美关系。这就要求审美客体要具有能够被人类的审美感官感知的审美特征以引起人类的审美感受。因此，并不是任何翻译原文都属于审美客体，只有具有审美价值的翻译原文才能成为审美客体，进而满足审美主体的审美需求。文学作品有审美价值是被世人所公认的，但物品的使用说明书、科技类文章不同于文学作品，人们一般认为这类作品不具有审美价值，但实际上这类作品是具有审美价值的。这类作品的审美价值集中表现在功能方面。翻译审美客体一般是指翻译的原文和译文。原文是作者在现实生活中的素材的基础上进行再创造组织而成的语言。要使这些篇章得到读者的肯定性评价需要使这些篇章有语义方面的传达功能，同时使之具有审美价值功能。译文不是将原文从原语言简单转化成另一种语言，而是译者在根据原文发挥自身的主观能动性的基础上进行再创造的产物。

五、翻译审美客体的审美构成

翻译审美客体的审美构成包括以下两方面。

（一）语言形式美

语言形式美一般是指语音和语言的表现方式等形式上的美学信息。形式美是能够被看见的、借助物质形态存在的一种美，如音美、形美。由于语言的形式美是直观可感的，人一般可以借助听觉和视觉等感受到语言的形式美。例如，文学作品中声韵和文字共同组成的形音美和音律美，还包括典型的修辞手法如对偶、排比、倒装等。

（二）意美

意美是一种无形的、非物质的、非自然感性的美学信息。人们不能通过直觉判断出意美。情感、意境、意象、神韵等方面的美都属于意美。意美不能通过词语、句子、语段、篇章等方面的语言结构形态表现出来，但读者能够在总体上感知到语言的意美。有学者认为意美有三点特性，一是意美是非定量的；二是意美是不确定的、是模糊的；三是意美是不可分割的一种集合体。因此，在美学上意美被称为“非定量模糊集合广义的审美客体”。由此可见，意美是存在于整体形式中的一种美，是宏观层面上的一种美，通常和深层的含义融合在一起。

综上所述，翻译审美客体的构成要素包括语言形式美和意美。这两种构成要素的主要区别是语言形式美主要表现在形式上，是一种外在的美、感性的美；而意美是表现在核心内容上的美，是作品主要的表现工具，对于思想表达是不可或缺的。译者在翻译过程中首先要把握语言形式美，然后才能品味作品的意美，这样才能翻译出高质量的作品。译者需要将原文中的形式美和内容美移植到译文中才能获得高质量的译文，内容美的模糊性非常强，属于高层次的审美，译者要发挥主观能动性才能体会到这种美。

第三节　翻译中的审美活动

一、翻译审美活动的内涵

从根本上讲，翻译活动是一种阐释，尤其是文学翻译。文学翻译的本质是艺术性的阐释。这种阐释和译者的心智活动密不可分。翻译活动中的心智活动包括译者的创造。译者的创造带有主动性和积极性，但也受到一定的制约。译者的创造的根本是再现原著的义、形、声、情、量、质等。

翻译是创造性很强的活动，在实际的翻译活动中，文本的多义性会给译者造成困扰。此外，理解和传达在翻译过程中也是难点，译者能不能充分领会原文的核心内容对译文的质量有决定作用。同时，译者的语言表达是否准确、是否得体也会影响译文的质量。

理解和表达是翻译活动中的两个阶段，译者要充分发挥自己的主观能动性，包括译者在翻译过程中积累的翻译经验、译者自身的审美感知能力、图式知识和语言驾驭能力等，以解决在翻译过程中出现的各种问题，以实现得到高质量的翻译的目的。翻译美学的有关理论认为翻译实践是审美主体在具有一定程度的文化知识、审美知识和审美经验等审美条件的前提下，充分地认识、理解和转化审美客体，以及对转化结果进行审美加工的过程。在这个过程中，译者要把握审美客体中的审美要素，将自己在原文中体会到的美感通过译文表现出来。英国著名翻译家彼得·纽马克认为翻译包括理解和表达两个步骤。理解是指分析原文的审美构成要素；表达分为转化、加工和再现。

二、翻译审美活动的步骤

（一）认识

翻译是从认识开始的，是表达的基础和前提。译者首先要认识和理解原文中的美，然后才能将其表达出来。认识对于传达审美客体中的美学信息有重要作用。这是由于语言是人类的智慧，并且语言和文化之间的关系十分密切，文化通过语言反映出来，文章又是由语言组成的，因此文章中一定含有美的要素。译者要通过译文将美学思想传达给读者，首先需要认识原文中的文化信息。具体来讲，译者对审美客体中的美学信息的认识一般可以分为三个阶段：一是直观感受；二是想象；三是理解。

1. 直观感受

在直观感受阶段，译者要使用分析、推理和判断等直观的方法捕捉审美客体中形式层面的美学信息，这些美学信息包括语音、词汇、语义、修辞和文体等。这是外在世界对译者的刺激所带来的审美态度萌芽，是“刺激—反应”的结果。

2. 想象

在想象阶段，译者要发挥自身的主观能动性，想象审美客体的意境、气质、风格等美学信息，调动自己的感悟能力去领会原文的思想和艺术。想象阶段是传达美学信息的重要环节，在这个阶段中，译者要充分发挥自己的主观能动性。

3. 理解

在理解阶段，译者要仔细研究审美客体中涉及的社会、环境、文化的共时和历时，掌握原文中的社会文化信息。简单地说，译者要立足于整体对原文进行考量，体会原文中的文化和美学信息，然后充分发挥自身的主观能动性并与审美经验相结合，挖掘原文中深层次的美学信息。学者刘宓庆曾指出，理解是对审美信息整体深层意义的揭示和多向度的总体把握。

（二）转化

转化是语言结构方面的重要环节，与语际结构转化一样都是审美信息向再现发展中的关键一环。译者要充分调动自身的知识和经验，缩小自己和原文的创作时代，作者的民族文化、生活环境和心理素养等因素之间的差距，使译文传达出原文的美感。

（三）加工

加工是指译者把自己在认识环节中得到的审美信息和审美感受进行改造，从表面到深层次、从现象到本质、从粗略到精细等方面进行处理。译者对审美客体的加工包括以下两个方面。

一是语言的形式美方面。译者对原文的语言形式美的加工需要译者有一定的语言基础知识和审美判断能力。

二是意美方面。译者对原文的语言形式美的加工需要译者有一定的才华。加工是译者加工原文的文字，使用更加优化的语法结构和修辞手法，使用准确的语言表达原文中的美学信息。

（四）再现

1. 再现的方式

再现是指译者再现自己的加工结果。从根本上讲，翻译再现的是译者将自己对原文的理解转化为实际的表现形式，即选择和原文对应的、最适合的译文表现形式。也就是说，再现是译者将自己在认识、转化和加工这三个环节得到的理解用译文的形式表达出来。一般来说，再现审美客体美学信息的手法基本上有以下两种。

（1）模仿

模仿是指与译者的想象相结合后的不完全模仿，是翻译审美再现活动中不可或缺的方式。模仿要做到不失去原文的神采，这样才能够达到良好的审美效果，有学者将模仿分为以下几种。

一是将原文作为基础的模仿。这种模仿是指直接复制原文的审美结构和审美信息以获得译文的美学信息。

二是将译文作为基础的模仿。这种模仿是指将译文的语言特征、表现结构、社会接受度等作为基础，调整原文中与译文的语言规则不相符的内容，从而使译文的表达更恰当。

三是动态模仿，也称作“优选模仿”。这种模仿首先比较原文和译文，如果选择将原文作为基础进行模仿的翻译效果更好，则选择原文作为基础进行模仿；如果将译文作为基础进行模仿的翻译效果更好，则选择译文作为基础进行模仿。

（2）重建

重建是一种高级的再现方法。这种方法和创作方法非常相似。重建的优点是能够打破原文形式上的限制，译者将根据译文的语言要求调整译作的体式，即“彻底译语化”，或将其称为“编译”。对于重建这种方法来说，要参照审美客体，使文章的形式和内容保持完全统一，但要表现出译者的审美理念，在译文中表现出译者的审美态度，从而使译文表现出原文的美感。

实际上，审美主体对审美客体的理解是一个过程，译者的表达方式也有很多种，以上三个阶段只是比较有代表性。译者的翻译审美活动十分复杂，并且不断反复才能完成。

2. 再现的原则

为了让翻译主体更好地理解和掌握翻译审美的精髓，懂得如何对原文进行审美并且在译文中更好地做到审美再现，有学者提出了如下翻译美学中关于文学翻译的审美再现的三项原则。

（1）相似原则——艺术模仿的原则

认知语言学所认为的相似性，是指语言结构与人的经验结构或概念结构的相似性。该理论认为，翻译工作者要从相似性的角度审视翻译工作，从宏观上把握“以形示意”的翻译效果，最大限度地接近“形神皆似”的理想翻译标准。这一原则有助于解决再现原文形式美的难题。

学者王寅在研究了语言相似性分类后认为可以将文学翻译实践的相似原则分为数量相似性、时间相似性、空间相似性、心理相似性和意象相似性。该相似原则认为译文应该从这五个方面对原文的属性进行自觉影像。这和美学中艺术模仿的原则是一致的。译者在这个原则的指导下进行翻译能够促进译文对原文形式审美效果的再现，把真实的异域风情带给目的语读者。

（2）创作原则——艺术原创的原则

创作是艺术的原动力，而翻译则是对原文的艺术再创作过程。众所周知，原创是艺术美的重要原则之一。翻译是一门艺术，因此艺术原创的原则也适用于文学翻译。在翻译史上，人们对于译文与原文关系的认知，也是仁者见仁、智者见智。意大利文艺批评家贝奈戴托·克罗齐在《美学原理》中曾讨论过翻译问题，他认为高质量的译文要与原文有相似之处，而且要有其自身独特的艺术价值，自身就是一部艺术作品。学者许均认为优质的译文不是原文的翻译而是原文的再创作。译文能使原文呈现出全新的样貌，使原文更具活力，通过全新的形式和姿态展现在读者面前。因此，在翻译过程中遵循创作原则能够弥补语际转换过程中丢失的原文审美信息，使译文更加饱满、更具魅力。

（3）优化原则——艺术至美的原则

至善至美是艺术创作的终极理想。翻译实践中，虽达不到完美无瑕，但它却激发创作者不懈地为之奋斗，这也是指导各类艺术实践的重要原则。对于文学翻译来说，翻译主体在翻译过程中要遵循“忠实通顺”的原则和“优化”的原则。“尽力择优而从”，以使译文接近“善译”的标准。把文学翻译的优化原则分成语序优化和语言优化两个类别的标准依据是其所指的对象的不同。语序优化是指不对原文内容做出修改，然后根据译文语言的表达习惯和认知方式对译文的句子顺序进行优化组合。简言之，就是一切以目的语读者的阅读习惯为重，不要照葫芦画瓢，翻译出不中不洋的西化句子。能够充分发挥译文的语言优势并且能够使用出最恰当的译文表达方式进行表达的就是语言优化。例如在翻译弗兰西斯·培根的《论读书》时，王佐良采用了文言文的形式将培根的语言美及思想美推向极致。

第四节　中国文学英译审美文化

一、景物形象英译的审美再现

中国古代的诗歌中，描写山水的诗篇占据了相当大的比例。在南宋时期，山水诗逐渐成为一种独立的诗歌形式和完备的艺术表现方式。它主要体现了自然美的风景与作者内心情感的交融，运用情景创造手法营造出意境优美的表现形式。诗歌中所描绘的自然景物，是诗人用形象思维表达情感的媒介，它们将现实与想象相结合，体现了主观感受与客观事实的融合，同时也展现了艺术家对大自然美丽景色的赞美和描摹，因而具有极强的艺术感染力。例如，王维在《山居秋暝》中，用“明月”“松林”“清泉”“竹喧”“莲动”等的形象组合，非常准确地捕捉和描绘了雨后山间特有的情景，勾画出一幅清幽淡雅的山间美图。其生动优美的形象，能唤起读者美妙的联想，具有很高的美学价值。

（一）运用修辞塑造形象的诗

修辞手法是诗歌创作中常用的手段，使诗歌语言更加丰富、生动、形象。修辞是一种重要的艺术手段，可以使语言变得更加富有诗意。袁枚在《随园诗话》中所表达的意思是强调诗歌语言需具备生动、形象、栩栩如生的特征，而不是平淡抽象、毫无生命力的。为了让语言更加生动形象，诗歌常常使用拟人、比喻和夸张等格律手法，描绘出多姿多彩的景物形象。在翻译诗歌中的修辞手法时，可以采用以下几种方法。

1. 直译转化形象

由于各国人民有许多共同的生活特点，在很多问题上形成了类似的观点，因此构成了人类许多共同的文化特征。直译转换就是利用这些共同的文化特征，把原作中通过修辞手法塑造的形象用对等的词语直接转换成目的语，以引起译文读者类似的关于形象美的感受。

（1）明喻塑造的形象

比喻是诗词中塑造形象的最常见的修辞手法，其中又以明喻居多。比喻是将所要描绘的对象与另一种有着相似特征的事物进行比较，并以生动形象的语言描绘。对于明喻，通常采用逐字翻译的方式，这样可以使读者真正感受到外国文学作品的特色和魅力。

（2）暗喻塑造的形象

暗喻也是比喻的一种，只是它不用比喻词，有时甚至不用本体只说喻体，或者把甲事物当成乙事物来描写。诗词中暗喻的运用与明喻一样，可以增强语言的表现力和感染力，将事物描绘得更加形象生动。直译诗歌中的暗喻修辞手法，必须以译文读者能够理解原文描写的形象、体验其中的形象美为前提，否则要考虑其他译法。

（3）拟人塑造的形象

尽管山水诗旨在描绘大自然的美景，有时诗人会通过拟人化的方式，将自己的情感融入自然景观之中。通过让本来只描述人的动词、形容词、名词等词语用于描写物品，让读者感受到这些物品具有人的特质，使描写更加生动。这种方法可以实现情境与物品完美融合，使读者更深入地感受到文字所描绘的情景。

2. 意译修辞手法，修改或简化形象

虽然中英文中都有大量的类似修辞手法，但是两种语言所处的文化背景不同，要在译文中找到对等词语达到对等的修辞效果是不现实的。意译转换法就是要在译文中寻找新的表现形象的方法。有时原诗修辞中的形象无法保留时，只得简化甚至改变形象，但要通过其他方式来弥补由于简化或修改形象造成的形象美的损失。

（1）比喻塑造的形象

虽然英汉两种语言都使用了许多比喻，但由于两种民族的生活环境、生活经验和风俗习惯的差异，它们的比喻也有所不同。因此，在另一种语言中，有时很难找到恰当的表达来呈现同样的比喻形象。即使找到了，译者也不能保证译文的读者能够理解和接受。这类描述可以采用意译的方式，不必使用原文中的形象，但需要保持忠实于原文的意思。

（2）拟人塑造的形象

通过运用拟人修辞手法，诗人能够生动地描绘山水风景并将其独特的情感表达出来，这在塑造景物形象方面能够达到出人意料的效果。然而，有些拟人写法有着浓郁的地域、文化背景，不便直译，这时不妨对其进行淡化或简化，确保译文读者不但能体会到诗中的拟人韵味，而且能再现形象美。

（3）夸张塑造的形象

古诗词中的很多夸张都是通过数字来实现的，而英语中同样也有用数字表现夸张的现象，因此这类夸张以直译为主，这样译文读者一般都能理解。但是，有时候出于诗歌意境的考虑，以及再现诗歌形象美、声音美、形式美等方面的需要，也可以适当变通，进行意译。

（二）运用特殊句式塑造形象的诗

相较英语，汉语的词缺少丰富的时态变化，然而灵活的句式变化却是汉语的优势。不同的语序，构成不同的句法关系；不同的句式，产生不同的表达效果。一个意思可以用一个句式来表达，也可以通过句式的变化，用多种多样的句式来表达，不过，由于它们的语气、情调、气势和情感色彩不同，因此修辞作用也不一样。古诗词之所以能在所有文体中以语言凝练、优美、富有感染力而独树一帜，其中各种特殊句式的灵活运用起着重要的作用。正是由于大量的特殊句式灵活运用，诗词作者塑造了大量的景物形象。

1.倒装句

倒装是一种言语表达形式，是指将句子中的原有语序进行颠倒的句式，但不改变句子的句法关系。在古汉语中，倒装是一种常见且复杂的语言现象。有时候为了满足押韵、平仄或对仗的需要，就需要在古诗词中使用语序颠倒的方法；有时是为了加强语势、转换句法以达到某种特殊的表达效果，更好地勾勒出各种各样的景物形象。对倒装句的翻译，可根据再现形象的需要运用以下两种方法。

（1）用倒装译倒装

由于倒装在英语中也是一种常见的句式，在英语诗歌中经常被采用。因此，对于古诗词中的有些倒装句，可以对应地或略作变通地译为符合英语习惯的倒装句，这样不仅可以再现原诗中的艺术形象，还能使形式与原诗统一，达到形神兼备的效果。

（2）译为正常语序

由于英汉句法结构的不同，汉语中很多倒装句，尤其是古诗词中的倒装句很难在英语中再现。这时可用正常语序来译倒装句，而不必为强译倒装而损害原意。当然，这要以尽量译出原诗中的景物形象为前提。

2.省略句

中国诗歌语言的句法是灵活多变的和高度省略的。正如闻一多先生在《英译李太白诗》中所说的："中国的文字尤其是中国诗的文字是一种紧凑非常——紧凑到最高限度的文字。"其中，主语的省略在古诗词中最为普遍。在山水诗歌中，主语的省略，使读者如同身临其境，诗歌中所塑造的景物形象也显得更加生动逼真。同时，主语的省略可以使诗歌达到一种物我交融的境界，使意境更为悠远、寓意更为深刻。

（1）补充主语

英语语法相对严谨，除了祈使句，英语中几乎所有的句子都必须有主语。然而汉语无主语句比比皆是，中国古典诗词更为突出。这一汉英语言上的差异就要求译者对诗句作变通处理，在正确理解原诗的基础上选择不同方法，最大程度地译出原诗中的形象美。由于英语中省略主语的情况很少出现在正式文体中，补充主语成了最常见的方法，应视情况而适当添加不同的主语。

（2）以省略译省略

山水诗歌中省略主语，将人与自然风景糅合在一起，达到一种忘我的境界，是汉语诗歌区别西方诗歌的一个重要特点。英语语法相对严谨，因此很多情况下不得不将汉语诗词中隐藏的主语，也就是诗中的人物，一一挑明。当然，采用异化的翻译方法，将汉语诗歌的这一特征直接体现在译文当中，也是一次有益的尝试，可以使读者体会到异国的语言美、形象美。

（3）转换句式，补充其他成分

想要在简短的语句中包含非常多的意思和清楚地描述大篇幅的画面，就必须要使用最精练的、压缩句子结构的诗词语句。汉语是重意合的语言，句子结构重内在关系；而英语是重形合的语言，句子成分之间的形式逻辑关系很重要。因此在翻译时，要注意转换句式，译出省略的成分，使句子结构符合英语的习惯，从而使原诗中的各类艺术形象在译文中同样突出。

二、人物形象英译的审美再现

中国古诗词中有许多作品，并非靠描绘景物来表现意境，而是以生动的人物形象为切入点。诗人通过描绘人物的样貌、动作、对话和内心感受等，来塑造具有鲜明个性的形象，从而加深作品的意境。这些艺术手法包括肖像描写、动作对话描写，以及心理活动描写等。诗人灵巧地描绘了形态各异的人物形象，有英勇无畏的英雄形象，有安闲自得的渔翁形象等。这些人物形象被描绘得十分生动，具有多样的形态，体现了诗人卓越的艺术技艺，这不仅能激发读者的想象力，而且能将他们带入充满诗意的氛围中，让读者陶醉在美感的氛围中。

（一）通过肖像和动作细节描写塑造人物形象的诗

在古典诗词中，刻画人物形象具有极大的挑战性，因为这些作品篇幅短小、形式严谨，难以展开细致的描写。通常来说，在诗词中描写人物的肖像动作，并不追求完美描述，而是注重表现人物的心态和情感状态，有时候只需要一个人物的侧面或者背影，或者一个微笑、一个姿势、一个动作，都足以传达出深刻的形象和意境。通过刻画人物特定的肖像和动作细节，有助于让人物形象更加深入人心，更加具体形象化。

1. 直译细节，确保形象不变

诗词中肖像和动作的细节描写通常是通过运用一两个关键的实词实现的，实词可以是动词、名词或形容词，它们在刻画人物性格、揭示人物心理方面起到出神入化的作用。翻译时，要尽量保留实词的细节描写，确保原作中的形态各异的人物形象不变。

（1）直译形容词

在汉语中，形容词是最富有活力的词语之一，尤其在描绘诗歌中的形象时，发挥着重要的作用。古诗词的创作者在描绘人物形象时，会精挑细选最恰当、最生动的形容词，以使整个形象活灵活现、有血有肉，让读者获得丰富的美感体验。当翻译这些有助于塑造人物形象的形容词时，可以选择最恰当的英语对应词，进行直接翻译，以保持原意不变。

（2）直译动词

苏联文坛大师阿·托尔斯泰在谈到写作时曾经表达过要以动词为重要表达方式的观点，这一观点标明动词在诗歌中塑造人物形象的重要作用。动词不仅能刻画出人物的性格特点，更重要的是还能表现出人物微妙的心理活动。在翻译时以直译为主，努力再现生动活泼的人物形象。

（3）直译动词词组

动词在塑造人物形象时的作用值得注意，但是单个动词的表现力毕竟有限。更多的场合，诗人喜欢用几个动词组成动词词组，使人物的动作具有了连贯性，可以大大增加人物形象的立体感和动态美。翻译时同样可以在英语中找到合适的动词词组进行直译。

2. 意译为主，修改或简化形象

英汉两种语言有其不同的文化背景，汉语中有些词语无法直接移植到英语中。若勉强按字面意思翻译，非但不能再现原作中的形象，反而会增加翻译的难度和目的语读者的理解困难，对于这些词语，可以采取意译为主的方法，可适当修改或简化形象，部分地再现原诗中的形象美。

（1）意译形容词

诗词中塑造形象的形容词，很多都与当时的历史背景、社会生活及审美情趣密切相关。如果将原文中形容词直译过来，可能会引起译文读者的误解，甚至会破坏该词的语境美。此时若采用意译的方法，对原文中的形象进行简化或替换，用目的语中的习惯用语来表达原诗句的近似形象，可以达到较好的效果。

（2）意译名词

汉语中的大多数名词在英语中都可以找到对应或相似的词语，但是毕竟中国与西方世界的文化是不同的。因此许多形象有差异，甚至一种语言中常见的现象在另一种语言中却是根本不存在的情况也不足为奇。对于古诗词中一些生僻或具有典故意义名词塑造的形象可以采取意译的方法，修改或简化形象。

（3）意译动词

诗歌中塑造形象的动词，有些是难以或者无法直译的。所谓无法直译是指由于不同民族的生活环境各异、生活经验及认知方式存在着不同，导致一种语言的形象表达在另一种语言中找不到恰当的对应动词。翻译这类动词时宜采用意译法，以忠实原文意义为主。

（二）通过人物对话刻画人物形象的诗词

通过对话来刻画人物是古诗词中经常采用的重要手段之一，即用具有个性特征的语言对话，表现出人物的思想感情和对事物的主观感受，使深刻的意境得到形象的表现，同时人物的个性特征也更加形象、生动。

1．用直接引语译对话

直接转述对话就是用原诗中同样的人称来翻译对话，使原作中的形象得以保持。由于古诗词语言极为简洁、精练，主语常常被省略，但是这并不影响对原诗的理解。然而，英语是强调形合的语言，逻辑关系非常严密，因此翻译对话时要注意根据上下文添加主语。

2．间接引语译对话

对于古诗词中的人物对话，用直接引语翻译是首选的方法，但有时为了考虑到行文的一致及音韵格律的需要，也可以间接地转述诗词中人物的话语，即采用间接引语的译法。这样的译法对人物形象的再现并无多少损害，当然译者必须仔细斟酌，将可能造成的形象美的损失通过其他手段给予补偿。

3．译为间接引语并转化句式

在古诗词中，有些引语是人物的内心想法，并非真正的对话，它对人物刻画并无太大帮助，因此应根据英语习惯作适当变通改为间接引语，并根据需要变化句式，这样可以在不损害形象的基础上，使译文更加简练。

4．间接对话译为直接对话

由于古代中文没有标点符号，到宋朝才开始用“。”“，”来表示句读，而用标志引语的引号则更是近代出现，由于诗歌中没有引号作为标志，因此诗歌中的对话引文就难以觉察。因此在翻译时要仔细分析，对于虽没用引号标出，但又属于人物对话的诗句可以用直接引语译出，这样可以使人物形象更为直观、生动。

（三）通过修辞手法塑造人物形象的诗词

运用修辞技巧来刻画人物形象是古诗词作家经常采用的艺术手法。修辞手法的使用，不仅可以让诗歌和文学作品的语言更加精准、简练，还可以让其中的人物形象更加生动逼真，呈现出丰富多彩的形象，从而提升作品的审美价值和艺术感染力。王昌龄的《采莲曲》中有两句话描绘了一幅美妙的画面，即荷叶像是量身定制的罗裙，美人俏皮地似荷花般绽放。诗人巧妙地运用了两个比喻，将采莲女的形象栩栩如生地描绘出来，散发出一种清新别致的美感。而《长恨歌》中描写杨贵妃的“天生丽质”的：“回眸一笑百媚生，六宫粉黛无颜色。”诗人采用了对比和夸张的修辞手法，这不仅使诗歌的节奏感更加丰富，富有韵律感，同时也生动且形象地描述了杨贵妃极美的容貌。

1．直译保留形象

古诗词中塑造人物形象的修辞手法，有许多在英语中可以找到类似的用法。因此可以通过直译的方法，在译文中再现原诗中的修辞手法，使原诗中通过修辞塑造的人物形象得以最大限度地呈现，艺术效果得以最大限度地展示。

（1）比喻塑造的形象

汉语和英语都广泛使用形象、生动、有趣的比喻来阐述概念和事物。在诗歌中，比喻是刻画人物形象的重要手法之一。这种语言艺术非常具有诗意，可以为作品增添浓郁的美学色彩。在进行比喻翻译时，应当尽量保留原文的语调和特色，并传达原文中描绘的形象，使读者得到与原文类似的想象和享受，避免改变原意。

（2）夸张塑造的形象

夸张是一种特殊的语言表达方式，通过夸大或渲染事物或思想，来强调它们的重要性和影响力。这种表达方式具有极强的表现力和感染力。在古诗词塑造人物形象时经常被使用。翻译时以直译的方法为主，尽量再现这一修辞手法，以此再现原作中活灵活现的形象。

（3）拟物塑造的形象

拟物是比拟修辞中的一种，就是把“人”当作“物”来写，这种修辞能十分生动地描写出人物形象的特点，拟物和比喻有着很大的区别，比喻重点强调两者的相似之处，是以喻为重点，拟物则是强调模拟，是把一个事物当作另外一个事物进行描写。鉴于拟物的这个特点，翻译时可以直译，和原诗一样不必把本体点出，保留原文中形象的含蓄美。

2. 意译修改或简化形象

有时原诗修辞中的形象无法保留时，或者采用直译会让译文读者不知所云时，只得简化甚至改变形象，当然这些增减要以忠于译文为前提，同时也要通过各种方式来弥补简化或修改形象造成的损失。

（1）意译夸张

相比之下，汉语更善于使用夸张的手法来描绘形象，同时有许多是英语无法表达的形象。因此，直接翻译这些形象可能会使读者难以理解或产生歧义。为了解决这个问题，翻译者可以适当修改形象，以表达其背后的内涵意义。这样读者可以根据上下文在头脑中产生联想，获得形象美的体验。

（2）意译比喻

对于古诗词塑造人物形象中的比喻，若直译不仅不能保持原文中的艺术形象，甚至还会弄成词不达意，晦涩难懂，那就要考虑采取意译的方法，或改为英语中相近的形象，或简化原诗中的形象。

（3）借代塑造的形象

借代是指用与某物紧密相关的另一个事物来代替它本身，而不直接提及该物。借代是文学作品中常用的修辞手法，尤其在古诗词中使用广泛。它能够将抽象的概念通过具体的形象来表达，使表达更加生动、简洁、精准，同时避免了过于重复的表述。使用借代修辞可以极大地塑造人物形象，然而，因为古诗词中借代修辞大多比较隐晦、深奥，直接翻译成英语可能会使读者难以理解，甚至不能理解，因此意译变得尤为重要。

三、事物形象英译的审美再现

在我国广袤的诗歌世界里，咏物诗流派占据了相当重要的地位。咏物诗是一种诗歌形式，将客观现实世界中的各种事物，作为它的主要表现对象。所咏的物可以是植物、动物，也可以是各种文具、器皿等。当然，咏物诗中单纯以描绘或歌咏物体的诗篇是很少见的，通常诗人通过描写客观事物的形象，表达事物的客观精神，或抒发作者自己的感情，或寄托自己的志向，或通过吟咏物体来歌颂伟人。例如，于谦的《石灰吟》表达的意思是，经过无数锤炼和凿击，人们才能从深山之中开采出石灰。即使面对艰难险阻和极度危险，石灰也愿意付出一切，保持清白无瑕的品德价值并留在人间。这首诗作者巧妙地将人物和物品的描写相互融合，作者以石灰自喻，表达了他对国家尽忠的决心和坚定的高尚情操。他咏叹石灰的作品体现了他自身的正义和高贵品格。

咏物诗的历史源远流长，最早可以追溯到《诗经》中的一些诗篇，如《鸱鸮》《周南·关雎》等。但是由于这些涉及花鸟虫鱼的诗篇，对物体的描绘篇幅很小，称不上真正的咏物诗。屈原的《橘颂》，诗人通过描绘橘的外形及其“深固难徙”的坚贞品德，赋予橘以人的性格和情感，从而表达诗人自己矢志不渝的高尚情操，因此此诗被称为中国咏物诗的真正开始。到了唐朝时期，咏物诗达到空前的繁荣，出现了白居易、杜甫、李商隐、李白等擅长咏物诗的伟大诗人。当时描写事物的诗歌内容非常丰富，并且能够表达深刻的思想，同时也采用了各种各样的艺术手法和高超的技术，因此在中国古诗词历史上拥有非常高的艺术价值和地位。这些描写事物的诗歌生动地展现了事物的多样形态和特征，同时也融合了作者的情感和审美，借助事物来抒发感情和表达思想，形成了一种物我交融的境界，使读者获得美的体验。

（一）通过活用动词塑造事物形象的诗词

汉语是一种注重意义相关性的语言，而英语则更加注重形式的相关性。因此，在英语中，强调句子所涉及的内容通常需要具备结构上的完整性及逻辑关系的严密性。汉语的句子强调以传达意思为主，而不拘泥于形式，主要通过意义的组合和单词的意义来连接。因此汉语中省略的现象非常明显，尤其是在语言精练的古诗词中，主语、宾语，介词、连词等常常被省略，但是这并不会妨碍人们对全诗的理解。但是对于具有实际意义的动词，不管是在重形合的英语中，还是在重意合的汉语中，都扮演着重要的角色。尤其是在塑造形象的时候，巧妙地运用动词，描绘事物的动作情态，对刻画事物的形象、表现事物的神韵有很大帮助。

1. 直译动词，再现形象

由于动词在英汉两种语言中都是重要的语法单位词，在塑造形象时不可或缺，因此英汉语中的很多动词都有极为相似的意思，翻译时要运用形象化思维，挖掘出作者塑造的生动、鲜明的艺术形象，找出最佳的对等词进行直译，努力再现原诗中的形象美。

2. 直译动词词组

古诗词中一些动词词组极富表现力，特别是几个动词词组的连续使用，可以将事物的动作形态特征刻画得栩栩如生，形象鲜明、意境优美。对于这些动词词组，一定要字斟句酌，以直译为主，尽力再现原作中的形象，传达原作的美学价值。

3. 意译动词

由于英汉两种语言的巨大差异，导致汉语中有些在塑造形象、描写动作中极为重要的动词在英语中无法找到对等词。对于这些词，僵化直译只会导致“死译”，不如通篇考虑，采取意译的方法，最大限度地再现原作中的形象美。

4. 改变句子结构

古诗词中有很多动词本身并没有深刻的内涵，但是由于诗句采用了倒装、省略、设问等特殊句式，使其在塑造事物形象时发挥着不可忽视的重要作用。翻译时不能死扣单个动词，而应该从整句出发，用符合译文读者习惯的表达方式译出，最大限度地再现原作中的形象美。

（二）通过形、色、声等特征的细节描写塑造的形象

咏物诗要咏物首先要形似。自然界的事物各有其形貌特征，可谓千姿百态，所以咏物诗要想达到形似，就必须对所咏之物进行细致深入的观察，抓住其最突出的外部特征进行形象的描绘。形象的描绘包括外形、颜色、声音等，经过细致的描绘，刻画出一个个形容毕肖、栩栩如生并符合审美特征的艺术形象。

1. 直译关键词，再现形象

对外形的描写用得最多的是形容词，而对声音、颜色的描写更多地是依靠各

种表示颜色或声音的名词。对于这些词语，根据情况，尽量采取以直译为主的方法，保留原诗中各种形象的审美特征。

（1）直译形容词

古诗词中事物的外形、姿态描写离不开表现力极强的形容词。诗人在塑造事物形象时特别注意形容词的使用，使其在塑造形象时起到画龙点睛的作用。翻译这些形象丰富、美感强烈的形容词的应该以直译为主，给译文读者同样或相近的美感体验。

（2）直译名词

名词是最普通、最常见的词类。任何咏物诗在塑造形象时都离不开事物的名称，自然也就缺少不了名词的运用。汉语中的大多数名词在英语中都能找到对等的表达，因此只需直接将其转化为英语，即可保留形象美。

2．意译为主，修改或简化形象

对于描绘外形、颜色或声音的一些复杂词语，在英语中难以找到对应的表达方式，可以对其进行意译。意译可以适当修改或简化原诗中的形象，使其符合英语读者的阅读心理和审美倾向。

（1）意译成语

咏物诗词中常用一些成语，对事物的外形、特征进行描述。这些成语非常生动形象，对事物的描述极为传神贴切。但是有些具有浓郁汉语特色的，无法在英语中找到对应的习惯表达。这时不必拘泥成语形式，译出含义即可。

（2）意译名词

古代咏物诗中有些名词，因为地理环境、历史文化和审美情趣等原因，已经深深烙上了汉民族文化的印记。这些名词虽然在英语中也有近似表达，但是直译过去无法再现名词背后的文化内涵和审美价值。这时可考虑去粗取精，在直译的基础上进行补充，以丰满形象。

（三）修辞手法塑造的形象

在咏物诗中，形似与神似的有机结合是一个重要的法则。形似是神似的基础，神似是形似的超越和升华，是对咏物诗的更高要求。要达到高度的形神结合，光靠平铺直叙是不够的，往往要采用比喻、拟人、夸张等艺术手段，以表现所咏之物的特有神韵，达到以形摄神的艺术效果，塑造具有极高艺术价值的各种形象。

1. 直译修辞，再现形象

对于塑造形象时运用的各种修辞，由于在英文中也可以找到相似的现象，多数可以采取直译的方法，这样并不会造成理解的障碍，相反会让读者体会到一种异国风味，欣赏到原文中的各种美妙形象。

（1）直译夸张

在古诗词中，特别是在咏物诗中，有意识地对事物的某个特征进行夸大描述，可以达到突出形象、强化语势、渲染气氛的艺术效果。夸张在英汉两种语言中都是常见的修辞手段之一。

（2）直译比喻

比喻修辞在咏物诗中极为常见，比喻将一种事物与另一种具有鲜明的类似特点的事物联系起来进行描写，可以使语言更生动、形象更鲜明，达到一种出乎意料的艺术效果。翻译比喻应以直译为主，再现原诗中的优美形象。

（3）直译拟声词

拟声词是对自然界中各种声音的模仿，拟声词的运用在诗词中可以起到绘声绘色的作用，给人一种具体、形象、生动的感觉。因为汉英两种语言中都有大量非常生动丰富的拟声表达方式，而且拟声表达取得的语言效果有很多相似之处，所以对于古诗词中的部分拟声词可以采取直译，再现原诗中的声音之美。

2. 意译修辞，修改简化形象

有些修辞，体现了浓郁的汉语特色，难以被移植到英文中，若“硬译”过去，可能会对英语读者造成误解甚至使英语读者不知所云。这时不妨将原诗中的形象进行简化或修改，进行意译，再现形象美。

（1）意译比喻

古诗词中有些比喻，在英语中是没有对应的，若进行字对字的硬译，句子会显得拖沓冗长，更重要的是无法被译文读者理解，不能使译文读者在头脑中引起想象。这时要考虑舍去比喻中的喻体，直接点明本体，再现形象美。

（2）意译夸张

古诗词中有大量的数量夸张，这些数量夸张具有明显的汉民族文化特色。汉语中的数字表达和英语中的数字表达有很大差异，有些夸张数字在汉语中表示概数，直译成英语却成了实数，这样会给译文读者造成误解，更无法再现夸张塑造的形象，因此不妨在理解夸张的基础上进行意译，再现原诗中的形象美。

（3）意译拟声词

汉语是一种节奏感很强的语言，汉语拟声词比英语更丰富多样。对于古诗词中许多极富节奏感的拟声词，要深入了解英语与汉语在拟声词上的文化差异及其修辞功能，展开想象并根据情况灵活处置，无法直译拟声词时可考虑意译，尽量再现拟声词包含的意义。使读者获得形象的联想和美的感知。

在诗歌艺术中，形象是最为关键的构成因素，因为它能够直观地传达诗人所要表达的思想与情感。一位诗人对世界的深度理解，可以从他所创造的形象的清晰度中得到体现。从诗词中的表现可以看出形象在其中的重要作用，因为形象就像诗歌的核心，因此在翻译时，译者的主要任务就是尽力还原原作中的各种形象。翻译文学，尤其是翻译诗歌，实则是将形象翻译成语言的过程。翻译诗歌时，需运用形象思维，充分想象并感知原文中具体形象。将艺术形象转化为心中意象，再通过语言重现。只有这样，才能够使译者充分发挥想象，从原诗的艺术境界中获得最丰富的艺术体验。

诗歌是一门艺术，可以唤起人们的美感体验。同样地，将诗歌翻译成另一种语言也是一门艺术。翻译者的任务是不断探寻和重新构建诗歌中的意象美，让英文读者能够欣赏到中国古诗中瑰丽的神韵和独特的风格美。

第四章　文化视角下的中国文学英译建构

文化与语言息息相关，语言的存在和演变离不开所处的文化环境。语言翻译并不仅是简单地将语言符号的意义进行转换，还是两种不同文化间相互交流和传递的过程。翻译中是否实现文化信息的传递是衡量翻译质量的一个重要标准。本章的主要内容为文化翻译理论概述、中西方文化差异与翻译和文化视角下概念隐喻的文学英译策略。

第一节　文化翻译理论概述

一、文化与语言的关系

语言在很大程度上促进了人类文化的演进。文化建立在语言之上，语言扮演着文化中至关重要的角色，也是让文化代代相传的最基本的工程师。语言与文化是一对“兄弟”，不可分离。毋庸置疑，语言是社会文化发展的产物，社会文化制约着语言使用者的思维方式和表达能力。语言通常代表一种文化，或者语言是一个国家或地区社会文化的缩影，是人们思想的“直接现实”。例如，英语中有丰富的词汇用于描述工商业活动，能表明英国和美国的工商业活动非常发达。而在许多工业化程度较低的国家，工商业词汇就非常的贫乏。

（一）语言反映文化

语言是文化的镜子，它直接反映了文化的现实和内涵。文化的外观也可以体现在语言之中。特定社会中的语言是这种社会文化不可分割的一部分，每一种语言在词语上的差异都会反映使用这种语言的社会事物、习俗和活动在文化方面的重要特征。词汇是形式和意义的统一，其意义主要分为两类：指示意义和引申意义。前者是指词语的字面意思；后者是指词语的隐含意义，即词语的文化内涵。

前者相对固定，而后者包括引申意义或联想意义。语言词汇反映并受制于不同国家或民族的政治、地理、价值观、习俗、文化心理和宗教信仰。

1. 语言反映生存环境

文化的形成受到生存环境的影响。特定的文化反映到语言中，就形成了独特的语言表达形式。例如，因为因纽特人生活在寒冷地区，所以他们有 20 多个描述雪的词。因纽特人使用不同的术语来表示“落在地上的雪越积越多”和“雪越积越多”。不同形式的雪在他们的生活中扮演着非常重要的角色（狩猎、旅行、娱乐和其他活动）。然而，英语中只有一个词表示雪（snow），阿拉伯国家的语言中没有雪，因为那里没有雪，人们不熟悉雪。再如，英语习语“sudden as April shower”的意思是“骤如四月阵雨，突如其来”。对中国人来说，这听起来肯定是 7 月和 8 月的夏雨，而不是 4 月的春雨。这两种对四月雨的不同看法是由于两国地理位置的不同。中国和英国分别位于东半球和西半球。中国大部分地区位于内陆，主要是温带大陆性气候，而英国是一个被海洋包围的国家，主要是温带海洋性气候。这就形成了中国 7 月份有阵雨，而英国 4 月份有阵雨的气候差异。

2. 语言反映民族心理

语言是代表民族文化的一种表达方式，能够呈现民族心理状态，包括但不限于伦理、价值观等方面。尽管“sister-in-law”是“嫂子”的常见翻译，但是这个翻译并不能完全传达出“嫂子”的语义内涵。中文“嫂子”是用来称呼哥哥的配偶，英文“sister-in-law”则是指兄弟的妻子。就表意而言，中文“嫂子”这个词可以追溯到“叟”这个词，指的是老年人。可以看出，“嫂子”这个词反映了中国家庭伦理中对长辈和晚辈的严格区分及长兄为父、长嫂为母的等级制度。语言是文化的不可或缺的组成部分，它承载、延续和反映着文化的内涵和精髓。这两个事物相互依存，相互促进。语言既是人类社会中重要的交流工具，又是文化中重要的、突出的部分。不同民族的语言不仅受其自身社会文化的制约，还反映了其特定的文化内容。

（二）语言促进文化发展

文化是语言发展的动力，也可以说，语言的丰富和发展是整个文化形成和发展的先决条件。如果没有语言作为桥梁，人们之间就不会有交流。人类无法相互吸收先进的知识和经验，这也将影响社会发展和文化进步。语言是思想的直接体现，特别是词汇最能敏感地反映生活和人类思想的变化。由于语言或词汇受文化的影响，因此用于表达的语言或词汇也必定深深打上该文化的烙印，附带有其文化的含义或引申意。正是借助语言，文化的各个组成部分，如政治、法律、教育、风俗习惯、宇宙观、艺术创造、思维方式等，才得以薪火相传、代代不息。

（三）文化影响语言发展

语言是一种文化行为，语言的多个方面，如词汇含义、语法结构等，都包含着许多文化因素。因此，文化与语言的形成密切相关，语言是建立在文化基础上的，它的形成和演化都与文化密切相关。因此，任何一种语言都不可能独立于其所属的文化而存在。

语言的基本组成部分是词汇，所以，文化对语言的影响也主要是通过词汇表现出来。例如，由于早期阿拉伯人是生活在荒漠上的游牧民族，因此骆驼在阿拉伯人的生活中占据重要地位，也影响着阿拉伯人的文化。在阿拉伯语言中有大量关于骆驼的词汇，包含骆驼的各个部位和与骆驼相关的各种装备等。可见一个民族的文化能影响其语言的形成和发展。

中西双方文化不同，所使用的语言也分属不同的语系，语言之间的巨大差异就更不用说了。从句子结构上来看，汉语常用并列结构，而英语则常用主从结构。在一句典型的英语句子中，某种语意的表达极大地依赖于句子中的语法；而在汉语并列结构的句子里，意思的传达只依靠内在的逻辑，把一些具有意义的短语松散地连在一起，从而传达一个完整的意义。因此，英语语言的特点是句子结构紧凑，语义通过复杂的层次关系，依靠清晰的逻辑关系传递。而在汉语句子中，具有意义的短语经常被分散地堆在一起，而这些分散的语义之间有一条看不见的逻辑关系把他们联结成一个完整的句子。

文化影响语言的含义和结构。文化的动态特征会推动语言发生变化。随着社会的不断发展，汉语经历了许多变化，如使用白话文代替文言文，采用汉语拼音、简化字、使用普通话等。随着新观念的涌现和外来文化的渗透，很多词汇的内涵发生了巨大的演化。不管是在汉语还是在英语中，这样的例子比比皆是、不胜枚举。英语中很多词汇随着时代的变迁被赋予了新的意义。例如，“happening”旧用法指一次事件，新用法指“偶发艺术”；“bug”原指虫子，现在的意思是“硬件或者软件中的漏洞（缺点）”；“hit”原指“打击”，现在的意思是“点击（进入某个网站）”等。在英语中，还有很多词汇用来描述新兴文化现象、文化潮流及时代特征，如嬉皮士、雅皮士等词汇。这些词汇是通过文化创造而来，它们的存在记录了当时的文化，并反映了文化的特点。

（四）文化制约语言应用

文化是制约语言运用的重要因素之一。语境是理解语言的先决条件。语境包括语言语境、情景语境和文化语境。不同的文化背景下必然会有不同的语言使用方式，影响着语言的理解和运用。因此，不同文化背景下的交际要特别注意文化间的差异。

在中国，朋友见面都会进行类似“吃饭了吗？”“去干什么？”的问候寒暄，这会使人感觉到友好、亲切，能够加深彼此之间的感情。然而在西方文化中却不能开展对这些问题的寒暄。如果见到一个外国人问候“Have you eaten yet?”他们会认为你邀请他们吃饭，如果问“Where are you going this morning?”他们会认为你在打探他的私事。因此，文化在语言中起着至关重要的作用。

二、文化与翻译的关系

文化体现了一个国家在一定时期内的思想内容、行为、习俗和习惯。它是人类发展过程中不可磨灭的印记，也是人类整个生活方式和生活过程的沉淀。纵观历史，文化更像是一种特殊的象征，反映了整个群体的各个方面。博大精深的文化不仅意味着政治和经济的繁荣，也对政治和经济产生了深远的影响。翻译活动越来越被视为跨文化活动，即被认为是纯语言到语言的转换活动。

（一）文化影响翻译

在当今时代，文化已经渗透到社会的各个角落，反映在人们日常生活的各个方面，承载着丰富多彩的内涵和信息。同样，文化对语言和翻译也有重要影响。社会发展的产物是语言，文化的载体也是语言，所以说语言的本质是一种文化现象。语言和文化之间的密切关系也决定了翻译和文化之间的密切关系。在进行翻译时，涉及不同文化之间的交流，这是无法避免的。事实上，翻译涉及在不同的文化背景之间进行有效的沟通。翻译不仅要实现语言对等，还要实现文化对等。

在语言翻译过程中，文化因素制约着译者的翻译选择。这种制约影响非常广泛，涉及语言的各个方面，尤其是习语。习语来源广泛，除了宗教、历史事件和地名外，还包括童话、传说、民俗、某些文学作品、动植物名称、日用品等。不同语言之间的文化差异客观上增加了翻译和交流的难度，但是随着翻译和交流更加频繁，现代社会对翻译提出了更高的要求。因此，不仅要理解这些差异，更重要的是分析这些差异对翻译和交流可能产生的影响，研究这种影响带来的问题，并寻求克服困难和解决问题的方法和途径，从而提高翻译质量。

不同语言文化差异造成的困难和问题大致可分为两种类型：一种是“翻译失败”，即读者不知道翻译的含义或误解原文的含义；另一种是“翻译冲突”，即双方的误解或冲突，特别是与政治思想和外交术语有关的误解，会产生严重后果。在外交中，如果不理解不同语言之间的内涵差异，话题选择违反了一方的文化禁忌，远远超出了法规允许的范围，冲突很容易发生，交流也很困难。由于地域文化的影响，译者的大多数目标语言更接近源语言的文化含义，不懂源语言的读者总是认为他们在阅读母语作者写的作品。然而，由于了解源语言文化的译者有时会更多地考虑不了解源语文化的读者，因此源语言文化不可避免地会影响译者对词语和语义的选择。这客观上阻碍了目的语的读者对外国文化的理解、吸收和传播。解决的办法是，译者首先要树立正确的人生观和翻译观，从社会现实的角度正确理解翻译的目的和意义，选择正确的翻译策略和方法，努力实现翻译的桥梁和纽带作用。

译者不仅要有扎实的语言知识，还要有较高的文化素质，这对翻译实践具有重要意义。在文化全球化的背景下，从文化的角度研究语言和翻译尤为重要。在跨文化交际中，文化相互影响和渗透，可以从以下三个方面理解。

第一，语言是物质世界的一部分，语言是人类进化和劳动实践的结果。从语言的内部结构系统和人们产生语言的心理过程来看，语言的理解和使用是在人的生理（包括神经）机制和物质时空下发生的，语言的形式和内容具有物质属性，语言符号系统本身的规则和人类认知规律制约着词语文化意义的产生，因此可以说词语文化意义是主客观互动的产物。

第二，语言是关于物质世界的理论。语言不仅可以建立概念基础，也可以建立了互动基础，语言被构建为客观世界和主观世界之间的认知中介和平台。语言成为人们和客观世界互动的媒介和渠道。人类的一般认知能力是在与环境的互动中通过同化和适应而形成的。语言意义的产生和解释离不开人们的身体特征、生理机制和神经系统。

第三，语言是物质世界的隐喻，是人类思维外化的结果。语言不可避免地会在人们的理解过程中“自动”将人类实践外化，并且不可避免地会成为人们在现实的“真理”基础上实现思维创造和价值追求的工具。

（二）文化干预翻译过程

翻译既是两种语言之间的转换过程，也是两种文化之间的转换过程，这种转换通过语言来实现。英汉两种文化之间存在一定的重叠，这是进行翻译的基础。但两种文化之间也存在许多差异，这是翻译应考虑的重点。一般来说，可以将翻译过程分为理解和表达两个层面，其中理解是表达的基础，表达是理解的最终体现。译者为完整传达出原文的文化信息，再现原文的神韵，就需要准确分析原文的文化含义，从而达到文化交流的目的。因此，文化影响并干预翻译的过程，并且贯穿翻译的始终。

（三）翻译促进文化交流

翻译的产生源于人类之间相互交流的需要，因此可以说翻译的作用就是促进文化交流。翻译是一种跨文化的交流活动，它克服语言障碍，传达不同语言的意义，实现两种文化之间的转换。一个民族文化的发展离不开外来文化的推动，翻译正是推动文化发展的重要媒介。在世界民族文化的历史发展进程中，各种民族文化不是均衡发展的，而是有先进和落后之分。处于落后地位的民族文化，通过翻译吸收和借鉴其他民族的先进文化，推动民族文化发展；而处于先进地位的民族文化，既要发扬本民族的优秀文化，又要吸收其他民族的先进文化，从而推动民族文化的持续发展。由此可见，翻译不仅能促进文化交流，还能推动人类文化发展。促进文化的传播，推动文化之间的交流与融合，不仅是翻译的使命，更是翻译的价值所在。随着文化交流的日益频繁，文化之间会发生交流与融合，各民族文化之间的相通性成分逐步增加。现在已经很难找到一种不与其他文化之间发生交流的文化。因此，翻译有利于促进文化交流。

三、文化翻译的原则

（一）再现源语文化信息

文化和语言是相互依存、相互影响的关系。翻译过程实际上是文化信息传递的过程。在进行翻译时，为了再现源语的文化信息，译者应当使用符合目的语的表达习惯对原文进行翻译，从而克服在翻译过程源语对翻译的干扰，避免机械的翻译，保证译文的生动和流畅。

例 1：It was Friday and soon they would go out and get drunk.

译例 1：今天是星期五，他们马上就要出去喝得酩酊大醉。

译例 2：今天是星期五，发薪水的日子，他们马上就要出去喝得酩酊大醉。

在译例 1 中，译者单纯根据字面进行翻译，读者不能理解周五与喝醉之间的关系。在译例 2 中，译者掌握了源语言的文化背景，得知星期五是发薪水的日期，因此人们得到薪水后，就会出去喝酒，译出了星期五背后所蕴含的文化信息，让读者能够理解原文含义。

（二）再现源语文化特色

文化翻译不仅要再现源语文化信息，还要注意再现源语文化特色。在翻译时，译者既要保证字面信息的准确性，还要将源语文化传递给读者，保留源语言的文化特色，保证源语文化的完整性。

例 1：“巧媳妇做不出没有米的粥，叫我怎么办呢？”（《红楼梦》第二十四回）

译例 1：And I don't see what I am supposed to do with out any capital.Even the cleverest housewife can't make bread without flour.（大卫·霍克斯译）

译例 2：Even the cleverest housewife can’t cook a meal without rice.What do you expect me to do？（杨宪益·戴乃迭译）

原文中“巧媳妇做不出没有米的粥”，也就是汉语中的俗语“巧妇难为无米之炊”。所表达的含义是在缺少必要条件的情况下，即使再能干的人，也办不成一些事情。

在译例 1 中，译者为西方人，他为提高译文的通俗易懂性，把“没米的粥”翻译成“bread without flour”（没有面粉的面包），这考虑了目的语的生活环境，出发点很好，但却没有考虑到原文的文化背景。《红楼梦》是中国古典小说，在原文的文化背景中没有西方的面包，不符合原文中的传统文化氛围。因此，译例 1 的翻译未能再现源语言的文化特色。

在译例 2 中，译者为中国人，了解中国传统文化，熟知“巧妇难为无米之炊”的俗语，因此能更好地考虑到原文的文化背景。杨宪益夫妇的译例，保留了原文中“米”的文化信息，实现了源语言的文化特色再现。

在对英语进行汉语翻译时，译者有可能会自然地站在汉语的角度，对翻译进行审视，这么做就容易造成翻译中出现错误、造成读者对译文难以理解、阻碍和破坏了原文信息的传递。因此，对于译者来说，在进行翻译时，必须保持虚心的态度，积极思考，遇到有疑问的地方，应当谨慎处理，避免望文生义或机械翻译。

四、文化翻译的策略

由于中西文化的历史背景与发展历程不同，中西方人在思维方式与表达方式等方面具有很大差异。这种差异使源语言与目的语，无论是在语言风格、语篇文体等方面，还是在文化意识、风俗习惯等方面，都具有各自的特征。因此，翻译不仅是不同语言之间的交换，更是不同文化之间的交换。也就是说，翻译不仅仅是单纯的语言行为，其中还蕴含着深厚的文化内涵。因此，在进行英语翻译时，不仅要追求语义与功能的对等，还要实现文化上的功能等值。要做到最大化地实现原文文本所要表达的交际效果，为了达到文化功能对等，可采取以下几种翻译策略。

（一）归化与异化策略

在文化翻译过程中，归化策略和异化策略是经常使用的两种翻译策略。美国学者劳伦斯·韦努蒂（Lawrence Venuti）最早提出“归化”和“异化”两个术语。归化策略是尽可能地改编翻译，以便目的语读者能够更容易地理解和吸收原文内容，而不必费太多精力去理解原作者。异化策略是最大限度地减少读者的干扰，让作者主动接触读者。归化策略以目的语的读者为归宿，追求译文的通俗易懂。异化策略以源语言的作者为归宿，保留原文的语言效果，保持“异国风调”。在此基础上，西方翻译界产生了两种对立的立场，即归化派和异化派。美国翻译家尤金·A·奈达（Eugene A.Nida）是归化派的代表人物。他认为译文应追求自然，译者不应为表达源语言信息而强迫目的语的读者接受源语言的文化信息，而应将源语言尽可能自然地融入目的语文化。

劳伦斯·韦努蒂是异化派的代表人物。他认为译文要突出原文的特色之处，保留原文的语言风格，展现出原文的民族特性。这样译者就能从语言规范中解放出来。中国关于“归化”和“异化”的争论源于直译和意译的争论，其发展大致可分为以下三个时期。

第一，古代佛经翻译时期。这一时期的翻译主要为佛经翻译。道安主张直译，支谦主张意译，玄奘则主张直译与意译相结合。道安和支谦是最早提出直译和意译争论的人。

第二，近代西学翻译时期。在这个阶段中，因为有许多西方文学作品被引入中国，也吸引了不少翻译家参与翻译活动，所以这一时期主要是关于西方文学作品的翻译研究。例如，严复翻译了《天演论》《国富论》、林纾翻译了《巴黎茶花女遗事》《迦因小传》、朱生豪翻译了《仲夏夜之梦》《威尼斯商人》等。这一时期翻译界出现了关于翻译标准的争论，主要包括直译与意译问题、信与顺问题、“欧化”与“归化”问题、重译问题等。

第三，当代西学翻译时期。这一时期的翻译主要为外国作品翻译。1987 年，刘英凯率先以异化翻译挑战归化翻译。自此以后，关于归化和异化两种翻译策略的争论在翻译界引起了热烈讨论。

事实上，归化和异化两种不同的主张是从不同的出发点进行考虑的。在翻译实践中，译者应具体情况具体分析，恰当使用这两种翻译策略，使二者相互补充。下面分别对归化策略和异化策略进行具体说明。

1. 归化策略

归化策略以目的语文化为终点，将源语言翻译成更符合目的语的读者的表达习惯，使译文更加通俗易懂。归化策略要求译者在翻译时以目的语为归宿，对源语言在语言、习惯、文化等方面进行处理，从而使翻译实现动态对等或功能对等。

对于翻译来说，应追求动态对等的实现，即翻译使源语言在语言形式、文化等方面符合目的语的规范。

具体来说，实施归化策略要求译者以目的语的读者为重点，按照他们的习惯对源语言进行翻译。在把握原文意义的基础上，利用目的语的形式，表达相同的意思。采用归化策略翻译译文，最大的特点就是用地道的目的语进行表达。在翻译过程中，要在保证信息准确的前提下，在语言层面上对译文做适当的归化处理，以确保信息的准确，从而实现译文的预期目的。

在翻译过程中，如果目的语中缺乏与源语言相对应的词语，就应使用归化策略，消除文化隔阂，使读者理解原文含义。

例 1：Oysters are only in season in the R months.

译例 1：牡蛎在 R 月当令。

译例 2：夏季牡蛎食不得。

译例 1 为异化策略，保留 R 月。“R months”是英美人众所周知的文化，

即为九月到第二年的四月。但对于许多汉语读者来说，他们并不理解 R 月的文化含义。因此，采取异化策略，直接翻译是不恰当的，此时应采取归化策略，使译文通俗易懂。

在翻译文化信息浓厚的内容时，也应使用归化策略来提高译文的可读性。尤其是在翻译历史典故、成语和俗语时，更应当使用归化策略。

例 2：to grow like mushrooms 雨后春笋

It rains cats and dogs. 大雨滂沱

Fine feathers make fine birds. 人靠衣装，佛靠金装。

归化策略虽然能传达原文含义，但却没有考虑到原文的语言形式，使得译文失去许多原文的文化信息。如果译者过度使用归化翻译，只寻找目的语中的语言形式，而不去了解源语言中丰富的文化信息，就不能称之为成功的翻译，不利于不同文化的沟通和交流。

2. 异化策略

异化策略是指在翻译时应当尽量保持源语言习语的语言形式，将原文的内容、形式、精神都传递到译文中，保留形象，努力减少翻译中的损失。实施异化策略进行翻译，有利于体现文化的多样性，突出源语言与目的语在语言、文化等方面的差异，表现出一种自主的意识状态。在翻译过程中应用异化策略主要有以下几方面的优点。

第一，提高源语言表达在译语中的固定性和统一性，对于源语言和目的语的表达在不同语境中的一致对应有着积极的作用。

第二，使译文简洁、独立，同时保持源语言的形象、生动。

第三，提高表达语境的适应性，提高译文的衔接程度，同时还对不同语言之间的词语趋同产生有利的作用。

随着各国之间的文化交流与融合日益频繁，各国之间的文化隔阂和冲突也越来越少。各国在保留自身优秀传统文化的同时，也乐于吸收和借鉴外来文化。因此，在英语和汉语中有许多异化的词语。

例如：ivory tower 象牙塔

Crocodile tears 鳄鱼泪

sour grapes 酸葡萄

Pandora's box 潘多拉的盒子

kowtow 叩头

lose face 丢面子

keep face 保全面子

paper tiger 纸老虎

虽然异化策略能保持源语言的文化信息和文化特色、提高译文的衔接程度，但是译者要掌握好使用异化策略的“度”。如果过度使用异化策略，就不能保证译文的通俗易懂。

3. 归化与异化策略的结合

归化策略和异化策略是相辅相成的关系，而不是互不相容的。归化策略和异化策略有其自身的特点和适用范围。因此，译者要掌握好两种翻译策略的使用范围，不偏向其中一方，实现策略的有机结合，达到最佳的翻译效果。在翻译实践中，译者应把握好使用翻译策略的尺度，不能过分归化，不考虑源语言的语言形式和文化内涵，单纯追求译文的通俗易懂；也不能过分异化，不考虑读者的语言习惯，单纯追求原文的语言形式和文化内涵，造成译文的晦涩难懂，影响译文的可读性。

有学者指出，在文化翻译过程中，要把异化策略作为首选的翻译策略，而把归化策略作为辅助策略。译者要尽可能地保留原文的文化信息，必要时进行归化。具体而言，归化与异化的关系处理可按照以下几点原则。

第一，在翻译过程中，尽量使用异化策略，保留原文的语言风格和文化信息，使译文达到形神兼备的效果。因此，在不影响译文内容含义的情况下，应尽量使用异化策略。

第二，如果单独使用异化策略无法完整传达原文信息，应综合使用归化策略和异化策略。

第三，如果单独使用异化策略无法正常翻译，应使用归化策略，传达原文的深层含义，提高译文的可读性。

第四，在使用归化策略和异化策略时，要坚持适度原则。具体而言，使用归化策略时不能改变原文的语言风格和文化内涵，使用异化策略时要保证译文通顺，具有可读性。

（二）音译策略

音译是基于文化差异的具体策略之一。这种策略在翻译中所起的作用一直是很重要的。如果原文中所包含的文化信息，在目的语中没有相对应的词语，为尽可能地传达原文的文化信息，此时可以采取音译策略。许多英语中的词汇通过音译进入汉语，如 Coca-Cola 可口可乐、cheese 芝士、golf 高尔夫、sofa 沙发等。另外，随着国际交流的发展，汉语中的许多词汇也通过音译进入了英语，如太极拳 taijiquan、功夫 kungfu、豆腐 tofu 等。

（三）折中策略

此外，还可采取折中的翻译策略。折中策略是指在进行英语翻译时，对原文的意思进行总结，并对原文中的文化意象，进行适当的处理。例如，在英语中有 a literary lion 的意象，如果按照直译的方法进行翻译，则翻译为“文学狮子”，而在汉语中找不到类似的意象，因此，这样的翻译难以为中国读者接受。而在汉语中，有相似的意象，即“泰斗”和“巨匠”，但是在英文中，a literary lion 指的是 a celebrated author，将其翻译为“文学泰斗”或“文学巨匠”在程度上又过高，因此折中翻译为“著名作家”是较为合适的。总而言之，在英语翻译过程中，译者应具体情况具体分析，采取最佳的翻译策略，准确传达原文信息，并使译文通俗易懂，从而达到文化交流的目的。

第二节　中西文化差异与翻译

一、文化信息传递

（一）文化信息传递与翻译的关系

语言作为一种符号，是传达人类在社会生活中需要沟通和交流的内容的工具。这些内容不仅体现了人们的生产和生活活动，还反映了人们的思想感情。作为文化结构中的重要组成部分，语言承载了大量的文化信息。由此可见，翻译不仅是语言符号的转化活动，还是语言之间的文化信息的传递活动。尤金·A·奈达认为，翻译是两种文化之间的沟通和交流。要想获得成功的翻译，译者不仅要熟知两种语言，更要掌握两种文化。对于译者而言，文化甚至比语言更为重要。因为，语言只有在其作用的文化中才有意义。只有实现文化信息的传递，才能实现文化之间的交流，发挥翻译的跨文化交际功能。

（二）文化信息传递的重要性

不同的社会背景，会形成不同的社会结构、风俗习惯、生活方式、思维方式等。我国与英美国家之间由于社会结构、地理环境、民族历史、生活方式等的不同，形成了较大的文化差异，反映到语言上，表现在词汇的理解和运用、句式结构及语篇内容排列等方面都存在差异。因此，在翻译过程中要考虑原文的文化信息，并以目的语的读者易于理解的表达方式传递出来。如果不注重原文的文化信息，就容易出现错译。

英语翻译不仅要关注表层形式的对等，还要实现其在深层功能上的对等，并不是结构上的对等，而是原作者所要表达的真正的信息、风格和功能的对等，也即译入语文本与原文本在效果上的对等，在语义、文化、风格等信息上的对等。在信息对等的要求下，翻译不应当仅在字面上实现语码的转换，而是在正确传达原文基本信息的前提下，强调突出表达原文本的交际意图及译文在目的语语境中的交际功能。

（三）文化信息传递的考虑因素

1. 习惯表达

英汉两种语言的习惯表达各具特色，蕴含着丰富的文化信息。因此，在翻译时，译者要考虑英汉语言的习惯表达，实现文化信息传递。要实现文化信息传递，就必须对两种语言的文化进行对比，在两种文化的习惯表达中寻找对等语。例如，一个耳熟能详的短语 rest room，这个短语中 rest 的意思是休息、room 的意思是房间，但是不能将 rest room 翻译成休息室。rest room 在口语中是厕所的意思。英语国家的人不想把厕所说得那么明显，所以就用 rest room 来替代，类似于我国将厕所称为洗手间。

2. 词汇空缺

由于英汉两种语言的文化背景不同，可能出现词汇空缺。这里所指的词汇空缺是指源语言中的文化信息在目的语中没有对等语。译者应考虑词汇空缺现象，采取合适的策略进行翻译。

3. 形象词语

我国与英美国家的社会背景不同，因此形象词语的语义联想也不同。例如，在西方，猫头鹰是智慧的象征。而在我国，猫头鹰叫作“夜猫子”。俗语“夜猫子进宅”意思为厄运将至，因此猫头鹰是厄运的象征。

4. 历史典故

由于英汉两种语言的文化背景大相径庭，涉及历史典故的翻译难度较大，目的语的读者可能难以理解历史典故的喻义。例如，汉语中的“东施效颦”“请君入瓮”“草船借箭”等历史典故具有特定的文化来源。因此，要把握好历史典故的文化信息传递。

二、语言歧义现象

（一）产生歧义的原因

歧义是指一个词或句子在意义上的模糊性，词或句子可以有两种或两种以上的解释。这是语言中的一种普遍现象，汉语和英语也不例外。英汉两种语言中有许多多义词和同音异义词，容易产生歧义现象。如果译者不考虑语言中的歧义，就会形成语言交流障碍。产生歧义的原因是多方面的，无论是口语还是书面语，人们都希望语言能准确表达自己的思想。由于英汉两种语言的多义词和同音异义词较多，歧义现象难以避免。歧义可以分为语音歧义、词汇歧义、指代歧义、结构歧义、话语歧义等。在日常交际中，人们能够根据说话人的语调、表情或手势等澄清歧义。但在书面语中，就不能借助这些信息。如果没有其存在的语境，就会产生歧义现象，不能理解作者的思想。因此，书面语中的歧义现象较多。

（二）歧义的种类

1. 无意歧义

（1）语音歧义

语音歧义是指语音上的歧义现象。例如，两个发音相同或相似的单词，无论拼法是否相同，都可能产生歧义现象。这种同音异义所导致的歧义也叫作谐音歧义。在谜语、笑话、诗歌、小说等中都有许多语音歧义的例子。但恰当使用语音歧义不仅能增添文章的可读性，还能提高文章的修辞效果。

（2）词汇歧义

词汇歧义是指词汇的歧义现象。例如，在一个句子中，一个词可能出现多次，但这个词在句子中表示不同的意义，主要表现在多义词、同形异义词等方面。英汉语言中有许多同形异义词或多义词，很容易引起歧义。一个词最初出现时仅有一个意义，作为某种特定事物、行为或现象的名称。但随着语言的不断发展，这个词被赋予了其他意义。

（3）结构歧义

结构歧义是指句子成分在整个句子中的作用是摇摆不定的，没有明确的修饰对象，由此形成了不同的句法功能。任何一种被社会广泛接受的表达方式，都是建立在约定俗成或集体习惯的基础之上的。因此，语言符号的编码形式具有规律性、相对稳定性和社会性。在语言的实际运用中，有些传统意义的语法结构存在多种解释，歧义现象普遍。

2. 有意歧义

有意歧义是作者有意识地使用歧义，通过一语双关、声东击西等手段来达到特定的目的，使语言幽默风趣，增添语言的表达效果和艺术效果。在实际中，运用有意歧义可以产生以下几方面的作用。

（1）幽默效果

有意歧义可以使语言幽默风趣，使作者委婉地表达自己的思想，从而活跃气氛，产生幽默效果。

（2）讽刺效果

有意歧义还可以产生讽刺效果，也可以使作者委婉地表达自己的思想。这是语言技巧的体现。

（3）表达情感

在文学作品中，作者可以使用有意歧义来刻画人物性格和行为，并表达人物的情感。

（4）吸引注意

在广告等宣传用语中使用有意歧义可以使语言更加简洁，让读者产生更深刻的印象。简言之，有意歧义是对语言技巧的智慧运用，能产生更强烈的表达效果，提高语言的艺术性。

三、文化失真现象

（一）文化失真现象的含义

文化是人类建立在创造和生产财富基础上的重要成果。随着全球经济一体化的不断推进，各国之间的交往与互动愈加密切，这进一步加速了来自不同地区文化之间的传播与交流。中西方国家都有各自的翻译传统。翻译活动记录了人们在政治、经济、文化、科技及军事等方面的交流互动。例如，鉴真东渡、郑和下西洋、哥伦布发现新大陆、中国四大发明的传播、西方“自由”“民族”“平等”等思想的传播，在这些活动中，翻译都发挥了重要作用。

各国由于社会背景不同，所形成的文化也存在很大差异。所以会导致在翻译过程中出现文化不准确的情况，也就是文化失真现象，这样会引起读者无法理解文本内容或误解原作意图，对文化交流产生负面影响。翻译中的文化失真现象，是指在跨文化交际过程中，一方的文化信息被翻译后，造成另一方接受者无法理解或产生误解的一种文化丧失或扭曲现象。

（二）产生文化失真的原因

在翻译过程中，许多因素会影响信息传递，从而导致文化信息在跨文化交流中和传播中失真。产生文化失真的原因可分为客观原因和主观原因两方面，也就是无意和刻意。

1. 客观原因

在进行翻译时，受到译者生理、心理、语言和文化知识等影响，很可能出现文化偏差，无意中改变了原文意思。在这些影响因素中，有些可以被回避，而有些则不可避免。口译过程中，译者的心理和生理状态对其表现有很大影响。口译现场的氛围非常紧张，译者很容易感到压力。如果无法掌控自己的情绪，各种感官的能力会受到影响，因此就很可能出现翻译错误。

造成文化失真现象的重要原因之一是语言知识或文化知识的限制。例如，有些译者可能语言知识扎实，但文化知识较为缺乏，在翻译过程中就容易忽视语言层面的文化信息，出现文化失真现象。

虽然上述因素属于客观的原因，但却是能够避免的。如果译者具有较好的心理状态，并且语言知识和文化知识水平较高，在翻译中就会注意发掘语言背后的深层文化含义，不容易出现文化失真现象。另外，有一些文化失真现象是因为语言的不可译性而不可避免的。例如，当目的语中没有原语言的对等语，而且其内容还带有特定的文化现象，假如在这种情况下生硬地翻译源语言，就会导致文化失真现象出现。

2. 主观原因

有时译文中会出现由于译者的主观刻意行为引起的文化失真现象。这与译者所处的社会背景及译者本身的价值观念有一定联系。由于各国的社会背景存在一定差异，会出现难以忠实传译的现象，从而造成文化失真。

（三）文化失真现象的应对策略

1. 扎实语言基础

译者首先要扎实语言基础，不仅要加强汉语功底，还要提高英语水平。只有掌握足够的翻译技巧与方法，并进行翻译实践，积累足够的翻译经验，才能做到汉语与英语之间的灵活转换。

2. 学习外国文化

多接触和了解外国的文化，有意识地把它与本国文化进行比较。译者要特别留意文化中的禁忌，了解哪些文化在一方是正面形象，但在另一方却是负面形象；哪些文化在一方是众所周知的，但在另一方却是闻所未闻的。译者可以通过浏览杂志、电视、电脑等方式，学习外国文化。

3. 提高个人修养

译者要树立正确的价值观念，提高个人修养，认真对待翻译过程。例如，面对不可避免的文化不可译现象，译者应实事求是，让读者了解不同文化的差异，切不可乱译。另外，译者不能随意修改源语言的文化信息，这会扩大文化失真现象的不利影响。

四、语言与文化的不可译性

（一）不可译性的含义

所谓不可翻译性，是指某个单词、短语或概念无法精准地直接翻译成另一种语言，因此在跨语言交流中可能会出现障碍或误解。不可译性是外来词中“顽固的、未物化的、未分解的、未被扬弃的”那些成分。

英语和汉语是两种不同的语言，因此，在语法、结构等方面不可避免地存在一定的差异，而差异的存在有时会出现不可译现象。对于这一问题，译者在进行翻译时，首先必须对英汉语言在文化、表达方式等方面的差异进行分析，在此基础之上，利用各种翻译技巧，尽量使译文能够表达原文的意思。在翻译中，不可译的现象虽然存在，但是并不多见。在遇到这类情况时，还可以采用一些其他的方法进行处理，如在面对词义的不对等时，可以使用近义词进行处理，在不影响理解的情况下，还可以使用音译法。

（二）语言的不可译性

语言的不可译性表明某些语言形式无法在另一种语言中直接对应，这一现象主要有两个原因：一是源语言中存在独特的表达方式或文化背景，难以在目的语言中准确地表达；二是目的语言中缺乏与源语言对应的相似语法结构或词汇，因此无法直接进行翻译。最初，原文中包含多个单词或语法单元，它们共用相同的语言形式。另外，有时在源语言中存在一词多义的现象，但是在目标语言中找不到相应的表达方式。由于汉语和英语属于不同的语系，汉语属于汉藏语系，而英语则属于印欧语系，因此两种语言的语音系统、文字结构和修辞方式等方面都有明显的差异。因此，有时候很难找到相应的表达形式，导致语言难以互相翻译。这就是语言的不可译性。以下几个方面是语言无法被完全翻译的体现。

1. 语音的不可译性

每种语言都有其独特的语言系统，这是其他语言所无法替代的。英汉两种语言在语音上存在差异，一种语言中的某些语音在另一种语言中没有相对应的语音形式，造成语音的不可译性。汉语是单音节语言；而英语不仅包括单音节还包括双音节和多音节。汉语是声调语言，有四种声调；而英语没有声调，只有语调的升降。在汉语的诗歌、对联被翻译成英文时，既要讲究意美和形美，还要追求音美，这是极其困难的。

2. 文字特征的不可译性

英语是表音文字，但汉语是表意文字，两种语言在文字特征上存在巨大差异，导致两种语言的文字特征不可译。

3. 语法结构的不可译性

汉语属于分析语，没有严格意义上的形态变化；而英语为屈折语，有形态变化。在英汉互译的过程中，在汉语中使用词汇手段来表达内容，而在英语言可能使用语法手段来表达内容。汉语中的时间逻辑顺序是最普遍的语法规则，具有独立的理据。汉语中参照逻辑顺序的规则多于参照语法的规则，而英语普遍参照语法规则。因此，在翻译过程中难以实现对等，这种语法结构的不可译性在复杂句中尤为明显。

4. 语言修辞的不可译性

语言正是因为有了修辞手法，才能变得更加生动。在翻译过程中，如果译者不能使用原文的修辞手法，即使语义和风格相似，也会削弱原文的语言表达效果和艺术性。英汉两种语言的社会背景不同，在思维方式、价值取向和审美观念等方面差异较大。因此在表达同一内容时，可能会使用不同的修辞手法，造成语言修辞的不可译。

汉语中常使用叠词的修辞手法。叠词是将两个语音、结构及语义完全相同的词重叠使用，以提高语言的表达效果，增加语言的形象性。但是在翻译过程中，难以再现原文的修辞效果。

（三）文化的不可译性

正是由于不同国家都有其独特的社会制度、地理环境、生活方式、风俗习惯等，导致文化信息在翻译过程中容易缺失，造成文化的不可译性。造成文化的不可译性主要有以下几个方面的原因。

1. 物质文化的差异

由于各国的物质文化不同，其发展具有独特性和不均衡性，造成国家之间在物质文化上的差异。这些差异反映到语言中，给翻译带来困难，译者难以寻找到不同文化之间的对等语。

2. 地域文化的差异

由于各国的地理环境不同，对于不同的事物，会发展成独特的词语。例如，处于热带森林之中的南美洲人，只有雨季和干季之分。因此，在当地的语言中，不能翻译出四季。如果中国读者对相应的文化背景缺乏了解，则不能够理解源语言的文化内涵。

3. 历史文化的差异

由于各国的历史文化不同，一些包含历史文化信息的典故、传说、成语、俗语等，在翻译时，难以完整传递文化信息。

4. 文化词汇的空缺

所谓文化词汇的空缺，是指目的语中缺乏与源语言的表达中所特有文化现象的对等语。以一种语言作为标准，其他语言中都可能存在文化词汇的空缺，导致不可译现象。受中国传统文化的影响，中国人重视家庭伦理关系，形成了具体而复杂的亲属称谓，而西方对亲属的称谓较为简单。另外，英汉文化中特有的事物，也很难找到对应的对应词汇。

5. 指称词语义转义

一些词语原本用来表达源语言中的某些特定文化内容，但在翻译过程中其原本的指称意义消失或发生转义。虽然译者可以使用一定的语言符号来指称这一词语，但却不能在其指称意义上产生原词语的转义。

6. 指称词语义的文化冲突

指称词语义的文化冲突是指词语的语用含义在翻译过程中出现冲突形式。具体来讲，就是源语言中的某些指称词在目的语中有相应的指称词，但是源语言中的含义与目的语中的含义存在差异，甚至完全相反。

综上所述，语言和文化的差异给翻译造成了许多障碍，而且其中有许多是难以跨越的。但随着各国文化交流的日益密切，翻译中文化的不可译性将朝着可译性的方向发展。译者要深入探讨两种语言的特点，采取恰当的方法来使译文达到与原文的对等，尽可能地传递原文的文化信息，缩小文化差异的影响，让不可译向可译转化。

第三节　文化视角下隐喻的文学英译策略

隐喻不仅是一种语言现象，而且是人类的一种认知思维方式。隐喻是一种潜藏在人类语言认知机制中的表达方式，可以激发人的感官感知、文化背景和民族认同等深层思维，更好地理解和具体化抽象概念。隐喻与文化相互依存，彼此之间密切相关。语言的演进和存续源于其所处的社会文化环境，这种环境对语言使用者的思维模式和表达能力有一定影响。由于语言和文化的不同，理解隐喻时可能会遇到跨文化的障碍。在翻译隐喻时，需要同时保留原文的文化内涵，又要传达出译文的意思，这是翻译中的一个难题。在本节中，笔者将以《红楼梦》中隐喻的翻译为案例，探讨在文化视角下如何运用翻译策略来传达概念隐喻，同时不改变原文意思。

一、隐喻中的文化因素

要理解修辞格的文化负载词，就不得不结合产生这些文化负载词的土壤——

特定的文化。[①] 隐喻是一种常见的修辞手法，它在社会生活中被广泛应用，并传递着许多不同的文化象征意义。

（一）隐喻的特点

隐喻是一种认知现象，但隐喻的主要表现形式是语言。语言中的隐喻有多重表现形式。对不同的隐喻表现形式和特征进行讨论有助于加深对隐喻本质和特征的理解。隐喻作为一种语言现象，有多重语义特征，如矛盾性、临时性、模糊性、不可撤销性、程度性、系统性、局部性、方向性等，本文取隐喻最突出的一个特点即系统性来分析隐喻的语义特征。隐喻涉及所在领域整个系统内部的关系转移，因此隐喻概念具有系统性的特点。[②] 例如，在“Time is money”这个隐喻中，可以看到许多与金钱有关的词汇用来表达同一概念，如 waste time（浪费时间）；save hours（节约时间）；cost me an hour（花了一个小时）；invest a lot of hour（投入很多时间）；budget（预算）等等。在语言中，隐喻表达和隐喻概念之间存在着系统性对应关系，这种对应关系不会改变原有的意思。因而，利用具有隐喻性质的语言构词，能够深入分析隐喻概念的实质，并通过此种方式认知人类认知活动的隐喻属性。

（二）文化因素在隐喻中的影响

隐喻的基本作用是呈现一种可能性，用一种经验来增进对另一经验的理解。然而，由于不同文化的独特性，每个人在不同文化中的经历是不一样的，因此，相同概念的理解方式也会存在差异。隐喻的理解因文化差异而受到影响，不同民族拥有独特的文化传承。举例来说，用“兰花”作为隐喻的时候，英语族群和汉语族群对它的情感态度和隐喻理解是不同的。在英文文化中，有些专家认为，orchid 这个词来源于古希腊语，将其视为代表性的花卉之一。然而，在中文文化中，兰花被视为高贵和非凡的象征。不一致的文化符号和意象，会极大地影响人们对隐喻的理解。在翻译隐喻时，译者需要先深入了解隐喻背后的文化背景，并根据目的语的读者认知情况和文化水平做出评估，以期在不失真隐喻意义的前提下，成功传递文化信息。

---

① 陈科芳．修辞格翻译的语用学探解 [M]．上海：复旦大学出版社，2010．

② 束定芳．隐喻学研究 [M]．上海：上海外语教育出版社，2001．

二、隐喻的翻译策略

在翻译隐喻时必须做到内涵和形式的转换，而不影响原本意思。隐喻翻译是语言翻译的精髓之一，因为它起到多种作用，如传达意思、改变形象、修改内容或完美结合意义和形象，具有很高的灵活性，同时受到语境和文化的影响，因此，隐喻在文本中的重要性不言而喻。因而，在进行隐喻翻译时，翻译者必须考虑到两种语言和文化背景的不同思维方式。

（一）概念隐喻翻译的文化制约

将一种语言转化为另一种语言的翻译活动，就是在不同文化之间进行的一种跨文化交流。文化是人的精神家园，而语言则是精神的传承与表达的载体。只有两者相辅相成，才能创造出充满生命力的文化。在翻译过程中，应该注意不要将语言和文化内容分离。这说明了语言、文化和翻译之间存在着密不可分的关系，它们相互融合。隐喻翻译的文化制约表明，在不同文化中，涉及隐喻的喻体和内涵可能出现不同的情况，这会影响译者对隐喻的理解和选用。不同的文化对隐喻联想有不同的看法。例如，在汉语文化中，红色通常代表革命和吉祥，因此常使用“红军”“红色根据地”和“红红火火过新年”等表述。然而，在英语文化中，红色则常常代表愤怒和危险，如“be in red”和“a red rag to a bull”等表述。不同的文化有不同的价值观，这会影响读者对隐喻中涉及的形象的理解。例如，中国文化中的“龙”象征着力量和胜利，并被用于称颂性的描述，如“望子成龙”或“龙凤呈祥”，而在英语中，“dragon”则通常被解读为一种凶猛、残暴的动物，常被用于贬义描述。因此，隐喻所涉及的对象、相关联想和价值衡量标准在不同的民族文化中被赋予了不同的意义和内涵。翻译并不只是简单地将文字从一种语言转换成另一种语言，而是通过不同语言的表述方式来展现原作所蕴含的文化内涵，从而实现翻译传播文化的目的。因此，在翻译隐喻时，译者应该履行“文化传递者”的责任，了解汉英两种语言和文化的联系，并在原文和译文中寻找相关联的文化隐喻内涵，建立概念上某种相似或相近的含义关系。这样才能确保原文和译文的喻体形式和喻指都相符，达到传达相同隐喻的目的。

（二）隐喻在翻译策略中的使用

根据概念隐喻理论，人的思维和行动所依赖的概念体系通常涵盖着隐含的隐喻，因此人类的思维过程往往具有隐喻性。这个理论提供了基于比喻和翻译的新的基本原则。通过运用概念隐喻理论对比汉英隐喻的概念意义，译者可以在翻译时将它们对应起来，确保隐喻翻译成功。这种方法显著提高了译者的隐喻翻译能力。下面通过举例探讨如何准确传达隐喻翻译中的文化象征及内在涵义。

1. 直译，保留源语中的喻体

如果在转述隐喻的时候，想保持原有词语的认知方式和语言形式一致，那么可以直接翻译，这样既可保留隐喻的艺术价值，也不会改变原本的意思。举例来说，尽管文化背景不同，但人类经验的共同性使人们在感知事物上有许多相似之处。人们常常使用相同的隐喻形象来描绘抽象情感，因为情感是最常见的人类生命体验之一，也是认知活动的关键组成部分。这种相似性提供了一个基础，便于进行隐喻翻译。

在《红楼梦》中，爱情被隐喻成为水。读者可以借助水这个具体的事物来理解抽象的情感——爱情。通过这种跨域比喻，读者可以更加清晰地理解和感受爱情，从而更加深入地认知它。除此之外，汉英文化中同样存在类似的内涵意义，该隐喻的认知基础也相近。因此，在《红楼梦》中，比喻“爱情如水”的意义得以通过直接翻译呈现水的形象。

例如：后院墙下忽开一隙，得泉一派，开沟仅尺许，灌水入墙内，绕阶缠屋至前院，盘旋竹下而出（《红楼梦》第十八回）。

译　例 1：A stream gushed through an opening at the foot of the garden wall into a channel barely a foot wide which ran to the foot of the rear tenace thence round the side of the house to the front.

译例 2：Through a foot-wide opening below the back wall flowed a brook which round past the steps and the lodge to the front court before meandering out through the bamboos.①

原文中九曲回折的水流被用来比喻黛玉这位红楼才女无尽的思虑。在清幽之地，一个泉眼位于后院，水从缠绕着阶梯的泉眼涌出，穿过竹林和清幽之地。这

① 肖家燕.《红楼梦》概念隐喻的英译研究 [M]. 北京：中国社会科学出版社：2009.

描绘了黛玉高洁静谧的气质，水与人的隐喻得以完美呈现。两种翻译版本都用直接翻译的方式，分别使用stream和brook来再现“潇湘馆之水”的形象，从而完整且充分地呈现出“黛玉即水”的主题。能够将原文的隐喻意义传递给译文读者，而不改变原文的意思。这是由于这两种文化的认知方式类似，都包含相同的形象和联想意义，因此它们能够保持等价的形象和风格。

2. 意译，平行转换喻体形象

隐喻的普遍适用性意味着人类的思维方式有着共通之处，不同文化中对于同一事物的隐喻概念是相似的，只是在表达隐喻中所用的形象上有所差异。两种语言之间的喻体选择差异，本质上源于不同文化背景下的差异。这种文化差异受到了思维方式、审美情趣、价值观念等心理文化因素的影响。言语是一种内在的概念，而内在的概念是一种归属于文化的表现形式。尽管“爱情”是一种普遍存在的情感，但是在中英文化中，人们会发现不同的爱情观，因此也会对应不同的隐喻和形象化表达。中国传统哲学中的阴阳和谐观深刻地影响了汉语文化中的爱情观。这种观点常用诸如“比翼鸟”“连理枝”“鱼水相依”等成对的事物作比喻，来表达对于爱情的理解。相比之下，西方文化的表现更加奔放自由，通常运用“火”或“日”等强烈的形象来隐喻表达爱情，因此产生了“Love is a fire”和“Love is the sun”等概念隐喻。在翻译过程中，译者不应该简单地把源语中的隐喻或形象比喻直接翻译成目标语，而是需要按照目标语言的认知方式进行转换，用适合目标语文化的隐喻或比喻来表达原文中的意思，以避免意思的失真。

“爱情是月”这个隐喻是指爱情就像是月亮一样，有时圆满明亮，有时月影婆娑。这个隐喻的表达非常生动形象，但具有一定的难度，需要在翻译时选择一个准确传达这个意思的手法。如果直接将“爱情是月”翻译为“Love is the moon”，翻译准确度略低。这个翻译将“moon”作为“love”的等同替代，没有传达“爱情”有时圆满明亮、有时阴暗遮掩的含义。更准确的翻译应该是“Love is like the moon,sometimes full and bright, sometimes dim and hidden.”这个翻译在保留原意的同时，更好地传达了“爱情”的双重性质。爱情好比一轮明月，在团聚时快乐，在分离后思念。然而，在英语文化中，“月亮”并没有与爱情相关的象征意义。换句话说，在英语语言中，“月亮”这个象征意义并不存在，没有一个独立的定义。

例如：自古嫦娥爱少年。（《红楼梦》第四十六回）

译例 1：The Fairy moon ever loved a young man.

译例 2：From of old, young nymphs have preferred youth to age.

汉语文化中普遍认同和理解的象征性人物“嫦娥”，在英语文化和思维中并没有相应的传说形象。原文中的“嫦娥”用来比喻那些年轻、漂亮的女子，而且这样说也是在暗指那些想要嫁给宝玉这样的年轻公子的女孩。大卫·霍克斯在翻译的时候，尽管保留月亮这个意象，但他并没有理解这个词语在此处的真正内涵，所以杨宪益、戴乃迭在翻译的时候就采用了意译的方式，通过把希腊神话中的 Nymph 与汉语古代神话中的月宫仙女联系起来，可以将这两位貌美、传奇的神话人物进行比较。即使语言和文化不同，这种意译方法也能够揭示形象的相似之处，并帮助译文读者更好地理解原文的寓意，而不改变原文的意思。在隐喻翻译中，文化之间对于隐喻意象的理解存在差异，这是一个重要的障碍。为了成功地翻译作品中的隐喻，译者必须深入了解涉及的两种语言文化，以确保准确捕捉隐喻所象征的意思。应该强调的是，将隐喻的形象转化为恰当的语言表达是隐喻翻译成功的关键标志之一，这对隐喻翻译提出了更高的要求。

3. 文化喻体直译，增加内涵“解”译

在隐喻翻译中，若直译隐喻的文化喻体，但当这种喻体意象在目的语文化中缺位时，目的语读者必然因其思维中没有对应的文化背景信息而不理解这种喻体意象；若意译文化喻体的寓意，源语隐喻的文化喻体就会在译文中缺失，寓意严重亏损，目的语读者不能领略源语的文化寓意。在这种情况下，为了保全源语隐喻的喻体，同时又传递其中的丰富寓意，译者可以借鉴汉语歇后语的结构把带有汉语文化喻体的隐喻翻译分成前后两个部分，即隐喻文化喻体的“直译”+ 文化内涵的“解”译（刘法公，2008）。

在隐喻翻译中，如果采用直译文化隐喻，但当目标语言中不具备相应的文化背景信息的时候，目的语读者就无法理解隐喻的意思；如果对文化比喻方式进行意译，源语文化比喻体在译文中就会丧失，导致寓意严重损失，目的语读者无法体会源语文化的隐喻意义。为了不失去隐喻中的文化元素，同时传达其深层含义，有一种有效的翻译方法是采用汉语歇后语的结构，将隐喻分成前后两个部分翻译，即首先直接翻译文化喻体的含义，然后再解释其中的文化内涵（刘法公，2008）。

这种翻译不是直接的译文，而是用作提示的翻译。这种翻译方法保留了原文的意思，同时通过在译文中添加文化内涵信息来帮助读者更深入地理解原文中的文化涵义。这种添加的信息不会改变原文的含义，而是通过背景知识和语境提示来补充原文的隐喻。这样，读者可以更好地理解译文中原文所表达的文化隐喻。显而易见，这种创新的翻译方法有效地解决了文化在翻译中所遭受的损失问题，同时使双语文化中的意象内涵得到了更好的体现。下面将通过解析《红楼梦》中引用的一个典故，来说明这种翻译方式。

树倒猢狲散

译 例 1：When the mighty tree falls, the crowd of monkeys which it had sheltered.（桂廷芳，2003）

译 例 2：Once the tree fall, monkeys on it will disperse—no more power to depend on.（刘法公，2008）

“树倒猢狲散”表面意思是说，树倒了，猴子也就散了，实际上是形容在领袖或核心人物失去权力或能力后，群体或组织分崩离析的局面。当一个领导者被推翻时，他的追随者们也会纷纷离开。这个比喻中含有中国文化的底蕴，并且背后有悠久的历史文化基础。即使采用了直译的方法，译文也无法传达源语文化的内涵。因为在读者的思维中缺乏这种汉语历史文化知识的积淀，他们无法理解意象背后的隐喻意义。刘法公的译文采用了直接翻译并加解释的方法，在保持原文意思的同时，补充了额外的文化信息，使读者可以更好地理解比喻并深入了解中华文化的底蕴。这种翻译方法克服了把汉语文化照搬进英语译文的“直译”缺陷，也避免了把汉语文化隐喻“脱脂”“脱水”式地转述出来的“意译”弊端，使英语译文“意”“象”结合，相得益彰。①

在翻译隐喻时，需要将隐喻原文中的概念转化为译文中的新的相关概念，这可以视为隐喻理论中提到的在不同语境间建立关联的过程。隐喻所包含的文化内涵非常丰富，因此进行翻译时需要考虑文化因素，这使在传达隐喻的意义时保留其本质颇具挑战性。本文探讨了翻译隐喻的三种翻译方法，旨在更有效地应对文

① 刘法公. 弥补文化喻体意象亏损译法探讨[J]. 中国翻译，2009(6)：56.

化差异。当前的翻译方式并不能完全消除翻译中的文化障碍，这会妨碍文化信息得到充分传递。因此，在探索隐喻翻译时，需要考虑概念隐喻的理论，以便创新翻译技巧，避免在跨文化翻译中损失文化形象。

第五章　中国近代译者文学翻译风格

文学译作的风格具有时代性和个人性：一方面，产生于特定时代的译作受该时代的意识形态、诗学观、审美标准等因素的影响，其译风带有该时代的印记；另一方面，文学翻译是译者主体的艺术再创造，文学译作必然会反映出译者的风格，尤其是翻译名家的风格能给译文读者留下深刻的印象，本章以杨宪益、张爱玲及中国近代其他翻译家的译品来分析其翻译风格。

第一节　中国近代部分翻译家及其翻译思想

翻译标准是翻译理论的核心问题，也是学者争论、探索与研究的课题。纵观中外翻译史，各家各派纵说纷纭，标准之名目，可谓繁多；标准之论述可谓广博，然而还未能集百家之长，系统地解决这个问题者。近年来，海内外的中国学者都在酝酿创建中国式的翻译理论体系或翻译学，为翻译标准奠定基础。我国翻译界人才辈出，涌现出一大批光芒四射的翻译家。

一、刘重德

（一）生平简介

刘重德（1914—2008），河南滑县人，1931 年考入开封高中文科，在校刊上发表他翻译的雪莱抒情短诗数首，1934 年入北京大学，先后从朱光潜先生学英诗，从叶公超学翻译。毕业后相继执教于河南大学、国立师范学院及湖南大学。曾任湖南师范大学教授，中国译协副会长。

（二）翻译思想

刘重德翻译四项主要是信：保全原文意义；达：译文通顺易懂；切：切合原文风格。

（三）主要翻译作品

《爱玛》《莎士比亚戏剧人物论》《黑奴吁天录》《寻常人家》。

（四）翻译著作

《试论翻译的原则》《翻译原则刍议》。

2．三项翻译原则

首先，翻译需要将原著的思想内容完整地呈现出来。其次，翻译作品的风格与手法应与原著相一致。最后，翻译还应该具有原文的通顺流畅。

刘重德提出的“信、达、切”三字翻译标准是在结合泰特勒的三大原则和严复的“信、达、雅”的基础上，加上他自己总结出来的经验得出的。这些标准旨在确保翻译的准确性、自然流畅及适合目标读者。他在《浑金璞玉集》中指出了三点要求，其主要内容是：一是必须保持对原文内容的忠实；二是表达恰当；三是以最大限度地接近原始风格为目标。

刘重德指出：“要想能够圆满地实现“信、达、切”这三个原则，一个文学翻译工作者就必须具备一定的造诣和修养。”他认为：“一篇或一部文学作品的思想内容、语言表达和风格特点是一个完整的统一体，而文学翻译也必须是其完整的统一体的如实再现；这个统一体分为内容、表达和风格三个方面。”① 他在《试论翻译的原则》一文中把翻译的过程分为三个步骤。

首先，需要全面阅读文章或作品，并深入理解作者想要表达的思想。除了把握表面的主题和字面意义，还需要理解文章间的深层含义。

其次，在翻译过程中，需要考虑到两种语言表达方式的不同，因此在写作和措辞方面，通常会面临以下三种情况：一是有时候可以寻找到完全等效的单词，如英语的“as cowardly as a rat”和中文的“胆子小得像老鼠”就是同一个意思；二是有时候需要采用同义替换的方式来表达相同的含义，这在翻译中很常见。例如，英语中的“as lean as a rake”可以替换为“身体瘦得皮包骨”而不必硬性翻译成“骨头太瘦像耙”，因为后者虽然保留了原文的形象，但不符合汉语的表达习惯。在这种情况下，译者的目的是让翻译结果保留原始的含义和意图，同时符合目标语言的文化与语言特点；三是有时候需要做出较大的语义调整，以确

① 廖芸．商务英语翻译教程[M]．北京：对外经济贸易大学出版社，2016．

保翻译的表达能够准确传达意思。例如，英文谚语“Every dog has its day（凡人皆有得意日）”，不能直接把“dog”这个“狗”的意思翻译出来，需要美化一下。又例如：He went ape as soon as he learned that he got the first prize.（一听说自己获得了头等奖，他高兴得发疯了。）当把这里的“ape”翻译成“猴子”时，情况就变得荒谬了。

最后，要保持原著中所表达出的人物形象和写作风格，这是翻译者必须要做到的。在翻译时需要选择合适的词语并构造正确的句子，以保持原文意思不变。在选择词语和安排句子时，以尽可能准确地呈现人物形象和原作风格为准则。换句话说，根据人物身份和作者风格的差异，对相同的句子要选择不同的翻译方法，以保持句意的完整和准确。再例如：At sunset，we stopped for gasoline at the lonely station before entering the green mountains.（群山苍翠，绵延远去，加油站孤零零的。还未进山，已是夕阳西下。我们在这里停车补充了燃油。）译文充满了意境。

二、季羡林

（一）生平简介

季羡林（1911—2009）：国际著名东方学大师、语言学家、文学家、国学家、佛学家。历任中国科学院哲学社会科学部委员、聊城大学名誉校长、北京大学副校长、北京南亚研究所所长、中国南亚学会会长、中国民族古文字学会名誉会长、中国外语教学研究会会长、中国语言学会会长、中国敦煌吐鲁番学会副会长、中国史学会常务理事、中国高等教育学会副会长、中国作家学会理事、中国比较文学会名誉会长、中国文化书院院务委员会主席等职务。

季羡林早年留学国外，精通多国语言。他是世界上仅有的精于吐火罗文的几位学者之一。生前曾撰文三辞桂冠：国学大师、学界泰斗、国宝。他博古通今，学贯中西，他的散文，质朴而不失典雅，率真而不乏容智。季羡林用一生经历翻译了大量作品。季羡林赞同严复的“信、达、雅”翻译标准。

（二）翻译思想

季羡林翻译思想是中国现代翻译思想的一部分。他的“三论”是一个既独立又互相联系的有机整体。其中“文化中心转移论”是其主体。它指明了中国现代翻译思想研究发展的路径和方向；而“模糊艺术论”和“神韵论”，从多学科领域和独特的视角揭示翻译思想研究的方法论基础。

1. 文化中心转移论

季羡林先生在晚年，一直关注和研究东西方文化中心的转移问题。他说：“从人类的全部历史来看，我认为，东方文化和西方文化的关系是：三十年河东，三十年河西。目前流行全世界的西方文化并非历来如此，也绝不可能永远如此。到了21世纪，西方文化将逐步让位于东方文化，人类文化的发展将进入一个新的时期。”他认为：“中华文化这一条长河有水满的时候，也有水少的时候，但却从未枯竭。原因就是有新水注入，注入的次数大大小小是颇多的，注入最大的有两次，一次是从印度来的水，一次是从西方来的水。而这两次的大注入，依靠的都是翻译。中华文化之所以能长葆青春，万应灵药就是翻译。翻译之为用大矣哉！”他常用这个观点，批评那些不重视翻译的现象。①

2. 模糊艺术论

季羡林先生对模糊性的论述既形象又深刻。他是这样写的：“汉语区别于西方印欧语系语言的根本之处在于模糊性。”②季羡林所表达的意思是，无论古今，画作不能刻意追求与现实物象完全相同，也不能完全不像，而是要达到虽不尽相似但却又让人感觉像的效果。还要有一种哲学上所讲的模糊美。作品的翻译需要更加注重对原作品的情感和意境的准确传达。这不是对文字的表面解读，而是一种触及深层意义的感受，包含了模糊和微妙的情感成分。也就需要翻译者在翻译的时候，有充足的自由空间来发挥自己的想象力和审美能力。

3. 神韵论

神韵是一个至关重要的概念，它在诗歌、绘画、书法中起着不可替代的作用，同时在文学翻译中也不可忽略其存在。季羡林借鉴了印度古典文艺理论，来解释“神韵”这个概念。

（三）主要翻译作品

《安娜·西格斯短篇小说集》《沙恭达罗》《五卷书》《优哩婆湿》《罗摩衍那》系列。

---

① 李美. 西方文化背景下中国古典文学翻译研究[M]. 上海：世界图书上海出版公司，2014.

② 武锐. 翻译理论探索[M]. 南京：东南大学出版社，2010.

（四）获奖情况

季羡林一生获奖无数，其中，中国译协授予的“翻译文化终身成就奖”，最为重要。他是获此奖项的第一人。

（五）历史评价

季羡林被誉为中国大陆的“国学大师”“学界泰斗”“国宝”。

三、杨宪益

（一）生平简介

杨宪益（1915—2009）：我国著名翻译家、外国文学研究专家、诗人。其主要从事“中译外”的翻译家。曾任《中国文学》主编。1985 年被推举为全国政协委员，同年加入中国共产党。1993 年被香港大学授予名誉文学博士，还是中国译协名誉顾问和中国文联委员。

杨宪益的国学功底非常好，他的夫人戴乃迭精通中西文字，是他翻译事业的得力助手。他们珠联璧合，在半个世纪的时间里，二人联袂将中国文学作品译成英文，如《魏晋南北朝小说选》《唐代传奇选》《宋明平话小说选》《聊斋选》，以及全本《儒林外史》《红楼梦》等。

（二）主要翻译作品

《老残游记》《聊斋志异》是个人翻译，《离骚》（楚辞）《鲁迅选集》（1—4 卷）、《儒林外史》《关汉卿杂剧选》《红楼梦》（1—3 册）、《聊斋故事选》《卖花女》《史记选》《汉魏六朝诗文选》《中国古代寓言选》等作品为夫妇二人共同翻译。

（三）翻译思想

第一，忠实，通顺。

第二，直译、意译相结合；直译为主，意译为辅。

第三，异化、归化相结合：异化为主，归化为辅。

（四）获奖情况

被中国译协授予“翻译文化终身成就奖”。这也是继季羡林之后，第二位获此殊荣的翻译家。

（五）社会评价

杨宪益对中国文化海外传播作出了巨大贡献。他是一位严谨、认真、细致的学者。他在文化翻译方面做出的丰功伟绩将永远载入史册。

第二节　杨宪益文学翻译简析

上一节已经对杨宪益的生平、其主要翻译作品及翻译思想等进行了简单介绍，本节主要从《宋明评话选》《史记》的英译出发，以及鲁迅作品的译介和影响两个方面来对杨宪益的翻译活动进行分析。

一、《宋明评话选》与《史记》英译

谈及与妻子戴乃迭一生共同翻译的作品，杨宪益说，“所有的翻译都是我跟爱人合作，我拿着书直接口译，她打字，打得飞快，然后再修改。……我自己觉得翻译比较满意的是《宋明评话小说》，还有就是《史记》。”[①] 虽然目前学界分析杨宪益翻译作品，更多集中在《红楼梦》和其他一些作品上，但如果要深入研究杨宪益汉译英作品及其蕴含的翻译思想，译者杨宪益本人满意度较高的《宋明评话选》和《史记》译本应当引起学界的更多关注。通常认为，杨宪益夫妇的汉译英实践中直译的做法占绝对主导地位，褒奖派认为，他们的译文忠实原文，比较好地保持了原文的形象和风貌；贬抑派则认为，他们的译本忠实原著，虽然对原文理解深刻，但语言略显苍白、文采不足。[②] 抛开这些论断的正确与否、全面与否，既然是探讨译者和他的译作，通过剖析译者本人认可的译作，似乎更能够归纳、提炼其翻译过程中蕴含的翻译智慧。

（一）《宋明评话选》英译选材及翻译特色

“评话”是元、明、清时代对白话小说的一种称呼。“评话”原是讲说故事

① 杨宪益．杨宪益对话集．从《离骚》开始，翻译整个中国[M]．北京：人民日报出版社，2011．

② 辛红娟，马孝幸，吴迪龙．杨宪益翻译研究[M]．南京：南京大学出版社，2018．

的表演技艺，表演方式是只说不唱，没有音乐伴奏，与有说有唱的“诗话”“词话”不同。随着时间的流逝，人们将口头表演的故事改写成了书面形式，也就是早期的白话小说。在元代，白话小说开始专注于历史题材，而到了明清两代，评话演讲则成了各种题材的白话小说的总称。

白话小说与文言小说不同，文言小说的作者和读者是士大夫，属于雅文化；而白话小说却面向士大夫在内的广大民众，属于大众文化。白话小说使用白话，最初的作品内容都是由口头表演的“评话”整理改编而成。明代，一大批著名文人参与了白话小说的创作与批评，使得白话小说的思想艺术得到空前提升，迅速取得了与传统诗文并肩而立的文坛地位。

“评话”题材鲜少论及军国大事，描写的人物也很少是帝王将相，非常贴近世俗日常生活，主要描绘了普通百姓的荣辱得失和喜怒哀乐，凸显出与传统文人诗歌差异明显的世俗精神风貌。宋、明时代“评话”的题材非常广泛，真实地描绘了当时的市井社会在传统诗文和史传中很难见到，在艺术上和思想认识上都极具价值。

杨宪益、戴乃迭所译《宋明评话选》的 20 篇译作，从“三言”中选录 15 篇，“二拍”中选录 5 篇。“三言”是指明代冯梦龙所著的三部短篇小说集的合称，分别为《喻世明言》《警世通言》和《醒世恒言》。这些文集是我国文学史上规模最大的白话短篇小说集合，它们的问世标志着白话短篇小说从民间口头传统向文人书写的文学形式转变。这些作品所涵盖的主题广泛，内容多样，从多个角度展现了当时城市居民的生活和思想情感状态。“二拍”是指明代凌濛初所著的两本小说的鹤城，分别为《初刻拍案惊奇》和《二刻拍案惊奇》。这两部小说的情节灵感源自于野史笔记、传统文学及当时社会上流传的故事，描述了城市居民不断追求财富和享乐的社会现状，反映了资本主义初期社会对爱情、平等和自由主义思想的迫切渴望。

《中国文学》杂志陆续发表了杨宪益和戴乃迭翻译的宋明话本作品，其中第一期刊登了《十五贯戏言成巧祸》（*Fifteen Strings of Cash*）、《崔待诏生死冤家》（*The Jade Kuanyin*）、《范鳅儿双镜重圆》（*The Double Mirror*）等优秀作品。《杜十娘怒沉百宝箱》（*The Coutesan’s Jewel Box*）首次发表于 1955 年的第 3 期，同时还有《金玉奴棒打薄情郎》（*The Beggar Chief's Daughter*）、《神偷寄

兴一枝梅 侠盗惯行三昧戏》(*The Merry Adventures of Lazy Dragon*)等。

1957年初，北京外文出版社以The Coutesan's Jewel Box: Chinese Stories of the Xth-XVIIth Centuries(《名妓的宝箱：中国10—17世纪小说选》)为名结集推出杨宪益、戴乃迭译编"三言二拍"故事二十篇：①崔待诏生死冤家(《警世通言·卷八》)；②小夫人金钱赠年少(《警世通言·卷十六》)；③十五贯戏言成巧祸(《醒世恒言·卷三十三》)；④简帖僧巧骗皇甫妻(《喻世明言·卷三十五》)；⑤小水湾天狐诒书(《醒世恒言·卷六》)；⑥滕大尹鬼断家私(《喻世明言·卷十》)；⑦刘小官雌雄兄弟(《醒世恒言·卷十》)；⑧金玉奴棒打薄情郎(《喻世明言·卷二十七》)；⑨沈小霞相会出师表(《喻世明言·卷四十》)；⑩宋小官团圆破毡笠(《警世通言·卷二十二》)；⑪杜十娘怒沉百宝箱(《警世通言·卷三十二》)；⑫卖油郎独占花魁(《醒世恒言·卷三》)；⑬灌园叟晚逢仙女(《醒世恒言·卷四》)；⑭钱秀才错占凤凰俦(《醒世恒言·卷七》)；⑮卢太学诗酒傲王侯(《醒世恒言·卷二十九》)；⑯转运汉巧遇洞庭红波斯胡指破鼍龙壳(《初刻拍案惊奇·卷一》)；⑰刘东山夸技顺城门 十八兄奇踪村酒肆(《初刻拍案惊奇·卷三》)；⑱丹客半黍九还 富翁千金一笑(《初刻拍案惊奇·卷十八》)；⑲钱多处白丁横带 运退时刺史当艄(《初刻拍案惊奇·卷二十二》)；⑳神偷寄兴一枝梅 侠盗惯行三昧戏(《二刻拍案惊奇·卷三十九》)。

此后，《中国文学》英文版相继刊出杨宪益、戴乃迭译宋明话本小说若干篇，如《白蛇传》(The White Snake)于1959年第7期上刊登，讲述了白娘子永远被镇压在雷峰塔中的故事。一篇名为《老园丁》(The Old Gardener)的文章在1980年第7期被发表。作品如《羊角哀舍命全交》(Yang Jiaoai Gives His Life to Save His Friend)在1982年第10期曾一度刊载。《宋明评话选》是挑选自"三言二拍"中的20个短篇故事，采用了"先编后译"的方式。

杨宪益夫妇翻译宋明小说时，因为通行本是经过删节的，他们主要依据北京图书馆收藏的一种明代版本。在该部选集的翻译过程中，二人翻译实践体现出与他们合作翻译的其他典籍文献迥然不同的特色。翻译批评界基于不同译者翻译文本的对比研究，多认为杨宪益在中译外实践中，主要采取直译做法，因此出现不少杨宪益、戴乃迭译作在西方读者中接受性不高的笼统结论。然而，经过细读文本后发现，《宋明评话选》中除文本内容的主体直译做法之外，出现了大量省译和意译的处理方式。

例如，

铺里一个老儿，引着一个女儿，生得如何？云鬓轻笼蝉翼，蛾眉淡拂春山。朱唇缀一颗樱桃，皓齿排两行碎玉。莲步半折小弓弓，莺啭一声娇滴滴。

译文如下：

And it was out of this shop that an old man had come, leading a girl. What was she like, this girl? Her cloud like hair was lighter than cicada's wing; Her moth like eyebrows fairer than hills in spring; Her lips were cherry—red, her teeth like jade, And sweeter than an oriole she could sing.

八公子吩咐移船到清波门外僻静之处，将美娘绣鞋脱下，去其裹脚，露出一对金莲，如两条玉笋相似。教狠仆扶他上岸，骂道：小贱人！你有本事，自走回家，我却没人相送。

译文如下：

Wu ordered the boat to moor at a quiet spot outside Qingpo Gate. There he had the girl's embroidered slippers torn off.

"Walk home if you can, you bitch!" he jeered, ordering his ruffians to set her ashore. "Nobody's going to see you back."

以上两例个译中，译文对原文中黑体字部分的信息都采取了省略不译的做法，原因是两处涉及对此类信息或表述，杨氏夫妇大多采取删除不译的做法。[①]

"三言二拍"是古代说书人的口头文学，为让听众容易听懂，对人们耳熟能

① 蒋骁华、姜苏. 以读者为中心："杨译"风格的另一面——以杨译《宋明平话选》为例[J]. 外国语言文学，2007 (3)：188—196。

详的文化指称词、俚俗谚语或诗词警句的援引随处可见。但若在英译中把文化信息含量丰富的指称词和俚俗谚语、诗词警句都翻译出来，却会增加读者理解的难度、阻碍阅读的流畅性。例如《卖油郎独占花魁》篇："孝己杀身因谤语，申生丧命为谗言。亲生儿子犹如此，何怪螟蛉受冤枉。"短短四句诗中，竟有3个典故：商王武丁之子"孝己"（因父王听信佞言，将其放逐，乃至忧愤而死）、晋献公之子"申生"（因父王受骊姬蛊惑，被逼自杀身亡）和"螟蛉"。前二者指的是"亲生儿子"，最后一词"螟蛉"语出《诗经·小雅·小苑》"螟蛉有子，蜾蠃负之"①。传统观念认为蜾蠃没有雌体，无法交配繁殖后代。因此，古人用捕捉螟蛉来当作代养对象，以期望能有所繁衍，于是后来的人们以"螟蛉之子"来解释被收养的义子。这篇翻译中含有的文化信息太过于复杂，会让读者难以理解，因为良好的翻译需要准确传达原文的意思，同时还要考虑目标语言的语法规则和文化背景。所以如果使用厚重翻译的做法，其冗长繁复的英语注释或行文必定会增加译语读者的阅读负担，所以译者选择意译的做法，杨译本《宋明评话选》对大多数富含典故的词句、语句都采取了类似处理方法，如"老身是个女随何，雌陆贾，说得罗汉思情，嫦娥想嫁"句中的"随何""陆贾""罗汉""嫦娥"；"（杜十娘生得：）浑身雅艳，遍体娇香。两弯眉画远山青，一对眼明秋水润。脸如莲萼，分明卓氏文君；唇似樱桃，何减白家樊素。"句中的"卓氏文君""白家樊素"；《错斩崔宁》篇中"若是说话的同年生，并肩长，拦腰抱住，把臂拖回，也不见得受这般灾悔，却教刘官人死得不如《五代史》李存孝、《汉书》中彭越"；又如《金玉奴棒打薄情郎》开篇赞美玉奴容貌长相的诗句"无瑕堪比玉，有态欲羞花。只少宫装扮，分明张丽华"中的"张丽华"。其中，"随何""陆贾"分别为西汉初年谒者和外交家，以能言善辩著称；"卓文君""白樊素""张丽华"则为中国有名的古典美女；这些历史人物形象被中国大众熟知，然而英文读者却很难知晓其中的意涵指代。如果不吝笔墨将这些中国读者耳熟能详的文化意象逐一翻译，不仅会阻滞阅读的流畅性，对于以故事性和趣味性见长的评话作品，也没有必要。赞美玉奴容颜长相的诗句"无瑕堪比玉，有态欲羞花。只少宫妆扮，分明张丽华。"②因此也就成了杨宪益、戴乃迭笔下的："the maid was rare as flawless jade/and fair

① 律璞．两汉法官文化价值分析 [M]．北京：知识产权出版社，2019.

② 冯梦龙．喻世明言 [M]．长沙：岳麓书社，2006.

as any flower in May/attired in palace robe she seemed/some beauty of a bygone day."比加注阐明张丽华（559年—589年），南朝陈后主的妃子，出身兵家，聪明灵慧，有辩才，而且记忆力很强，深得陈后主喜爱的做法，杨氏夫妇直接提炼出“昔日美人”（some beauty of a bygone day），有利于帮助译语读者用最少的时间、最小的努力获取原文作者意欲传达的最大信息。译文以诗译诗，朗朗上口，充分考虑到译文读者的审美接受问题。《卖油郎独占花魁》中，“老身是个女随何，雌陆贾，说得罗汉思情，嫦娥想嫁”[①]塑造了一个巧舌如簧的鸨儿刘四妈形象，杨宪益、戴乃迭译为：“I can make even angels and goddesses lovesick.”《桂枝儿》中描述刘四妈形象：“刘四妈，你的嘴舌儿好不利害！便是女随何，雌陆贾，不信有这大才！说着长，道着短，全没些破败。”

杨宪益、戴乃迭也直接意译为：“Oh, Mrs.Liu has a tongue so fast.She beats all orators of the past; For she can argue black to white.”同样，比长篇累牍解释说明历史人物随何、陆贾，杨宪益、戴乃迭直接提炼出“昔日知名辩才”（all orators of the past），一个鼓动三寸不烂之舌、具有颠倒黑白本事的媒婆形象呼之欲出。

杨宪益、戴乃迭在文字的使用上常常跳脱原文桎梏，使用轻盈流畅的英文表述，考虑到译语读者的审美接受习惯。例如：

> 三五日间，随风飘去，也不觉过了多少路程。忽至一个地方，舟中望去，人烟凑聚，城郭巍峨，晓得是到了甚么国都了。

译文如下：

> They sailed before the wind for several days—how far exactly they could not tell.Then they sighted land and saw from the junk a populous city with towering walls, which they knew must be the capital of some country.

原文语言非常精练，使用无主句，具有明显的时间先后的特点和空间上由远

① 冯梦龙．喻世明言[M]．长沙：岳麓书社，2006．

及近的特点，杨氏夫妇抓住故事的关键词“飘”“至”“望”，翻译时把故事关键词作为句子主干成分，其他描写作为从句，灵活布局谋篇，仅用极少的单词完美再现原文意涵，句子内容主次分明，结构简单，易于理解，同时也传递出原文的语言精练之美。如此简约、干练的表达方式，非谙熟中西思维习惯、对原文语言特点和译语读者期待有深刻领悟的译者，是很难做到的。对糟粕文化的删除、对厚重文化信息的提炼、对叙事手段的凸显与整合，这些省译和意译的具体做法，并非大多数研究者认为的杨宪益偏重直译，以异化的策略为主。以上所举译例均是杨宪益夫妇出于对英语读者的感受、需要、习惯等的考虑，是“以读者为中心”的翻译智慧在语言、文化层面的彰显。杨宪益、戴乃迭翻译的《宋明评话选》对原文理解准确，译文自然流畅，在尽可能忠实原文的原则下，关注译语读者的接受性和译文的可读性，在专业译语读者中获得高度赞誉。

（二）《史记》西传视域下的杨杨宪益、戴乃迭选译本

《史记》是我国经典的文学和史学名著，是著名史学家司马迁通过研究天道与人事关系，通观古今变化，写成的“一家之言”，位列二十四史之首，是我国历史上第一部纪传体通史。这本书总字数为 526 000 余字，包括了十二本纪、三十世家、七十列传、十表及八书，一共 130 章。这部作品集历史和文学美感于一身，是经久不衰的经典之作。首先创立于《史记》中的史学体裁以人物传记为主，并且从各个阶层的人物，包括帝王、将相、农工兵商等角度，真实生动地记录下历史，使整个史书更加丰富有趣。

杨宪益、戴乃迭所翻译的《史记选》有一个显著的特点，那就是译文简短明快，完美地展现了《史记》雄深雅健的风格。《史记》的价值不仅在于其文学魅力和历史学意义，更重要的是，作为我国历史上最早的正史著作，其风格严谨规范，语言简练、信息量丰富，但表达之间的相关性较少。杨宪益和戴乃迭凭借他们深厚的历史学功底和对中国古代语言文字的透彻理解，将大量文字段落重新整合，并根据英美行文习惯进行了段落划分，同时保持了忠实于原文的风格。例如，《史记·李将军列传》的原文共包含 19 段文字，但译文在保持原意的基础上进行了分段处理，最终拆分成了 61 段。这样明显的文体差异，正是杨氏夫妇在精准理解原文基础之上，对原文精练风格的积极再现，也是杨宪益、戴乃迭译本可读性强与叙事流畅的主要原因之一。除了语篇层面的结构重组，杨宪益夫妇在翻译

过程中，通过句子重组和变换句型等具体做法，力争最大限度地重现原文文体特征。《史记》中存在大量涉及政治、经济、宗教、文化和艺术等方面的文化负载词，尤其是中国古代官制术语，几乎不可能在英美文化中找到对应词，直译很难让英美读者理解。因此，杨宪益、戴乃迭翻译《史记》选篇时大多采取阐释性翻译进行跨语际转化。

仔细阅读杨宪益夫妇所翻译的《史记选》译文，可以发现，他们的翻译不仅在音韵、措辞、句式和语篇等方面非常考究，而且十分注重保持原文的风格和味道，同时也关注读者的理解和接受。

曾有香港学者沙枫撰写文章赞扬杨所翻译的《史记选》英文版。沙枫指出，以《史记·孙子吴起列传》的英文译本为例，其翔实程度和分析精度令人称赞。尤其称赞他们的高超的简明表达和出色的概括能力。

> 孙子武者，齐人也。以兵法见于吴王阖庐。阖庐曰："子之十三篇，吾尽观之矣，可以小试勒兵乎？"对曰："可。"阖庐曰："可试以妇人乎？"曰："可。"①

译文如下：

> Sun Wu, a native of Qi, gained an audience with King Helu of Wu on the strength of his military theory. "I have read all thirteen chapters of your books," said the king. "Will you train a few troops as an experiment?" "Very well," replied Sun Wu. "Will you try with women?" "If you wish."

原文50字，杨宪益、戴乃迭夫妇仅以55个英文单词对译，精确再现了司马迁文笔简介的特点，译笔简洁、流畅而又传神，不仅有十足的英国古典文学蕴味，而且仍然保持"史记体"。② 司马迁的文笔朴实、简洁，且其句式流畅变化多端。再加上汉语内含的逻辑，直接按字面意思翻译会对英文读者造成理解上的困

① 司马迁. 史记：精装典藏本[M]. 黄建华，译. 天津：天津人民出版社，2016.
② 邹霆. 永远的求索：杨宪益传[M]. 上海：华东师范大学出版社，2001.

难。因此，在翻译时需要进行必要的逻辑调整。每当遇到语言、逻辑或修辞困难时，夫妇总是想办法完美地协调处理。

勾践卒，子王鼫与立。王鼫与卒，子王不寿立。王不寿卒，子王翁立。王翁卒，子王翳立。王翳卒，子王之侯立。王之侯卒，子王无疆立。

这一段文字属于典型的汉语铺陈式推进，不吝繁复和文字纠绕，旨在说明越国灭吴之后的王权更迭，如果逐句对应直译过来，不仅句式复杂绕口，也容易造成人物关系混乱。

译文如下：

Goujian died and was succeeded by his son, Shiyu. The throne passed from father to son, from Shiyu to Bushou, Weng, Yi, Zhihou and Wujiang.

较之原文，译文更加简短清晰，原文 49 字，译文仅 25 个单词，但逻辑显然更清晰。通过重组不仅避免了对姓名的不必要重复，也清楚展示了人物之间的关系与继位顺序。

在杨宪益、戴乃迭英译《史记选》中，许多原本散乱的短句被整合成了紧凑且简明的长句，并且主次关系也清晰明了。对句子内部的逻辑顺序进行调整，以消除任何可能引起误解或歧义的表述。为了使句子表达更清晰且条理分明，需要在句子中加入一些连接词来表示逻辑关系，而不是简单的平列结构。利用押韵、平仄和韵律的技巧来保持原文的诗歌气息和韵律表达。科学运用转换词和其他替换翻译策略。将《史记》引入西方，杨宪益和戴乃迭可以说是领先者。他们的翻译本成了后来许多研究者和翻译者的典范。自幼以来，杨宪益深深迷醉于中国古典文学和文化，他能够自如地解读经典著作，并准确地表达自己的理解，严谨而不失精准。据杨宪益所言，中国的《史记》与西方历史学奠基人希罗多德写的《历史》堪称同等重要。对于西方学者而言，表现文化深厚、刻画人物特质、运用文学技巧等方面可能是一系列难以解决的语言文化难题。但对于像杨宪益和戴乃迭这样从小时候就能背诵《史记》篇章，或者能够轻松阅读《史记》《左传》《论语》

和《孟子》等著作而不需要过多借助字典或请教他人的人来说，他们可以轻松兼顾对原文的准确理解和对译文读者美学体验的关注。

二、鲁迅作品译介与影响

美国学者寇志明（Jon Eugene von Kowallis）回顾其毕生研究鲁迅及鲁迅作品的情由时说，最初被鲁迅吸引是由于初中毕业那一年从旧金山一家书店购得杨宪益、戴乃迭翻译的《鲁迅小说选集》一卷和《鲁迅杂文选集》两卷。寇志明回忆杨宪益、戴乃迭译本引领他走入鲁迅世界的历程，谈到其“学习鲁迅四十年”之际登门拜访杨宪益，问及杨宪益毕生最喜欢的翻译作品，后者脱口说出“鲁迅”，这一回答令寇志明欣喜异常，让他觉得自己没有走错路。[①] 杨宪益在自传中也说：“最有分量的一部可能是现代中国最重要的作家兼思想家鲁迅的四卷本选集。”[②] 杨宪益、戴乃迭翻译《红楼梦》英文全译本广为人知，“但很少有人了解，与他们的译介生涯相始终并对他们的翻译与著述影最大的，是鲁迅的作品；鲁迅也是古今所有中国作家当中，他们翻译作品数量最多的一位。不仅如此，杨宪益先生还大力推动了二十世纪五六十年代至七八十年代鲁迅作品英译的选题与编纂工作。”[③] 诺贝尔文学奖评委、瑞典汉学家马悦然说：“鲁迅在二十年代，沈从文在三十年代就应该走进世界文学，但没有走进来，因为没有好的翻译家把他们的作品翻译过来。……六十年代杨宪益和他夫人将鲁迅的《呐喊》和《彷徨》译成英文，翻得好，但太迟了。这是一个很大的问题。”[④] 这一评价从侧面证明力杨宪益、戴乃迭译作对鲁迅作品海外译介有着不可替代的作用。

在中国二十世纪的文化领域中，鲁迅是一个不得不提及的重要人物。1918 年鲁迅发表的《狂人日记》，是中国现代文学史上的第一篇白话小说，奠定了新文学运动的基石。随后，鲁迅成为五四新文化运动的主要领袖之一，并在《新青年》杂志上发表很多作品。鲁迅从 1918 年到 1926 年的主要文学作品有：小说集《呐喊》《彷徨》，散文诗集《野草》，散文集《朝花夕拾》，杂文集《坟》《热风》《华盖集》《华盖集续编》等专集。中国现代文学史上不朽的杰作，中篇小说《阿 Q

① 寇志明，学习鲁迅四十年 [J]. 上海鲁迅研究，2007（1）：66—81.
② 杨宪益．杨宪益自传 [M]. 薛鸿时，译．北京：人民日报出版社，2010.
③ 李晶．鲁迅在英文世界中的传播 [N]. 文汇读书周报，2016—10—17.
④ 马悦然，欧阳江河．我的心在先秦 [J]. 读书，2006（7）：3—13.

正传》在1921年12月问世。从1927年到1936年，鲁迅创作了大部分《故事新编》作品和许多杂文，其中包括历史小说。这些作品被收录在许多专集中，如《而已集》《三闲集》《二心集》《南腔北调集》《伪自由书》《准风月谈》《花边文学》《且介亭杂文》《且介亭杂文二编》《且介亭杂文末编》《集外集》及《集外集拾遗》等。鲁迅是一位在中国社会思想文化发展方面具有深远影响力的人物，在"五四运动"之后，他的作品备受世人赞誉。鲁迅的文学和思想，反映了中国思想的历史性演变、中国现代政治变革的信仰与抉择、中国当代文化理念与道德观念的进取。

鲁迅是中国历史和文化转型时期的杰出代表，"他的语言、思想和使用的文学体裁是在一种由传统向现代化的转化过程中产生的，他以高超的技巧写出脍炙人口的作品，为中国现代新文学树立了典范。他被公认为现代经典作家，也就是说，他不同于古代的经典作家，他使用现代人的语言，抒写了现代中国人的思想感情，为新文学制定了一套写作规范和准则，长期以来一直是中国青年学生学习写作时取法的榜样。"①

早在十二三岁的时候，杨宪益就开始大量阅读中国现代文学作品，并初步形成自己的语言观、文化观。在现代作家中，杨宪益少年时期最喜欢鲁迅的作品，无论是作品的思想内容，还是简洁、明晰的语言，都令他无比钟爱。高中时，他曾效仿鲁迅先生《自题小像》中"寄意寒星荃不察，我以我血荐轩辕"诗句立下"愿得身化雪，为世掩阴霾"的革命宏愿。赴英伦留学期间，带在身边为数不多的中文图书中，除了顾颉刚的《古史辨》和郭沫若早期讲甲骨文的著作外，就是家人后来寄给他的一套鲁迅全集。鲁迅是杨宪益最喜爱的当代中国作家，而在鲁迅全部作品中，杨宪益最偏爱《阿Q正传》和散文诗集《野草》。

在留学后期，杨宪益试译中国文学，翻译了《野草》和《阿Q正传》，在国立编译馆工作时，杨宪益、戴乃迭翻译《资治通鉴》之余，联袂翻译了散文集《朝花夕拾》、小说集《呐喊》和《彷徨》等作品。接受刘尊棋邀约前往北京赴职后，杨宪益、戴乃迭夫妇系统译介中国文学经典之后，也开始了对鲁迅及其作品的持续关注和倾心翻译。事实上，早在加盟外文出版社之前，仍在南京工作的杨宪益夫妇已经是《中国文学》的主要译者。1953年，他们合译的《阿Q正传》由外文出版社出版。

---

① 黄乔生．试论鲁迅的经典性[J]．鲁迅研究月刊，2004（12）：27–39．

1954 年，杨宪益、戴乃迭英译《鲁迅小说选》出版，选译《呐喊》《彷徨》和《故事新编》中的作品，并附有刊发在《中国文学》上的冯雪峰长文英译。[①] 同年，在外文出版社与杨宪益合作非常好的编辑李乃仁（笔名：李荒芜）介绍他们认识了鲁迅的亲密朋友、共产党员作家冯雪峰，促成杨宪益与冯雪峰的深厚友情和良好合作——编选、翻译鲁迅的作品。回想起这段经历，杨宪益说："李荒芜介绍我认识了许多朋友，冯雪峰就是李荒芜介绍的。冯雪峰正好在北京，对翻译鲁迅的东西很有兴趣。我跟雪峰两个人商量，拟选题，出四卷本的《鲁迅选集》。第一卷都是早期作品，包括《野草》《呐喊》《彷徨》《朝花夕拾》，还有短篇小说。后三本都是杂文。因为他（冯雪峰）认为鲁迅的杂文更有价值。我们两个人同意了后三本都用杂文。选哪一篇去掉哪一篇都是由冯雪峰跟我每天下午一块儿商量，定了全部。因为有一部分过去已经翻译过了，所以就很快，大概两年以内《鲁迅选集》四卷本就出版了。" [②]

跟冯雪峰一样，杨宪益夫妇非常热衷于工作，对其充满热情。因此，他们欣然合作并形成了深厚的友情。杨宪益之所以从事这项工作，是因为他对鲁迅的著作情有独钟，这与仅仅承担大部分翻译任务是不同的。冯雪峰与鲁迅是在生前关系密切的朋友，此外他还承担人民文学出版社鲁迅编辑组的组长职责。他们的协作不仅让我们更深刻地把握鲁迅作品中的社会历史背景，还有助于确定需要翻译和介绍的关键点。这个翻译者结合最新研究成果，实现了对鲁迅作品搜集和整理的及时吸收，是将翻译与研究融合的典范。1956，1957、1959 和 1961 年，外文出版社先后推出杨宪益、戴乃迭合译《鲁迅选集》的第一至四卷，成为鲁迅作品英译的第一次系统工程。[③] 第一卷书籍内含 18 篇短篇小说，另有数篇回忆录性质的散文和散文诗。接下来的三卷则是鲁迅写的杂文，内容涉及政治和文化领域，并且充满了他深刻的评论。这些杂文写作手法犀利，有着强烈的攻击性。

1958 年，杨宪益夫妇应工作部门要求，完成鲁迅的《中国小说史略》英译任

① 1960 年，《鲁迅小说选》又出新版，删去冯雪峰长文，正文前增添叶以群的《鲁迅生平与短篇小说》一文，作品增补至十八篇，《阿 Q 正传》也收录在内。此版正文后来屡经再版再印，英美出版的鲁迅小说选集多以此为底本。

② 雷音. 杨宪益传 [M]. 香港：明报出版社，2007.

③ 该套译著于 1964 年出第二版，1980 年出第三版。每次再版都有改动，多为增补，两位译者也对译文反复打磨。第三版的修订和增补最为明显，增入旧版成书后又发现的鲁迅佚文。

务。在不足十天的时间内翻译完成鲁迅的这部学术著作，质量难免会受到影响，杨宪益后来常常为没能有更充裕的时间去精雕细琢、将之译得更好而遗憾。① 事实上，1959 年，该书英文版作为外文出版社“中国知识丛书”之一种出版后，迄今未见其他译者复译，在海外汉学界享有盛誉，被鲁迅研究者广为引用。李晶分析指出：“时间虽然有限，但是还是很见用心的——正文前有英文“出版说明”，正文后有附录两种，均为相关资料的英译，显见，两位译者并非简单将原作译成英文，而是在理解原作的基础上，尽量搜求相关资料附上，为英文读者呈现一个较为全面的鲁迅面貌。” ②

1961 年，杨宪益、戴乃迭翻译的《故事新编》单行本由外文出版社推出。此后，杨宪益先是被借调去翻译希腊文学作品，后是奉命接受《红楼梦》全译任务。

20 世纪 70 年代初期，杨宪益、戴乃迭又投入紧张的翻译工作，努力弥补《鲁迅选集》在篇目选择方面的缺憾，想要完整译出鲁迅某一时期的创作，特别是鲁迅本人编定的文集，尽最大可能帮助国外读者认识鲁迅作品全貌。1972 年，外文出版社再次刊行杨宪益、戴乃迭选译《鲁迅小说选》。1974 年，杨宪益、戴乃迭翻译的《野草》单行本出版，1976 年，他们翻译的《朝花夕拾》单行本问世，1981 年，《呐喊》《彷徨》单行本相继出版，至此，杨宪益、戴乃迭夫妇翻译了鲁迅的 33 篇小说。“这几种单行本虽然篇幅不长，但屡经再版、重印，又由英文版陆续改换为中英对照版、插图版等，海内外均有印行，影响深远。” ③

自鲁迅作品的第一个英译本《阿 Q 正传》（梁社乾，上海商务印书馆，1926 年）问世以来，其间涌现出众多著名英语译者，米尔斯（E.H.F.Mills）、埃德加·斯诺（Edgar Snow）、王际真、柳无垢、赵景深、金守拙（George A.Kennedy）、姚莘农、林疑今、伊罗生（Harold R.Isaacs）、约瑟夫·卡尔莫（Joseph Kalmer）、威廉·莱尔（William A. Lyell）、陈颖（David Y.Chen）、寇志明、蓝诗玲、杜博妮（Bonnie McDougall）、黄新渠等，他们的译作均对鲁迅及其作品的译介产生过较为广泛的影响。然而，综合观之，“鲁迅在英文世界中的面貌，泰半在杨氏伉俪笔下勾勒而成。鲁迅在英文世界中的传播经历了 20 世纪上半叶的发生

① 杨宪益著杨宪益自传 [M]. 薛鸿时，译. 北京：人民日报出版社，2010.

② 李晶. 鲁迅在英文世界中的传播 [N]. 文汇读书周报，2016-10-17.

③ 李晶，鲁迅在英文世界中的传播 [N]. 文汇读书周报，2016-10-17.

与发展、50 年代到 70 年代末 80 年代初的高潮，90 年代至今佳译频出的新时期，已经形成一定规模。既有成果中，小说是不争的译介重点，诗歌、书信也不乏佳译；但鲁迅作为文学研究者与杂文家的代表作，译者只有杨宪益与戴乃迭；对鲁迅杂文的认知与评价，他们的观点也有别于许多作家与研究者。”[①] 除翻译鲁迅作品外，杨宪益还通过撰写英文文章积极向国外读者推介这位中国文坛巨匠。

杨宪益、戴乃迭翻译的鲁迅作品自出版后，受到英语世界的持续关注。1959 年，美国纽约喀麦隆联合出版公司出版的 Chasen Pages from Lu Hsun；the Literary Mentor of the Chinese Revolution 中选有二人所译《狂人日记》等小说。1970 年，英国学者詹纳（W.J.F.Jenner）在牛津大学出版社推出名为《现代中国小说》（Modern Chinese Stories）的选本，其中收录杨宪益、戴乃迭译作《孔乙己》《故乡》和《祝福》3 篇。1973 年，牛津大学出版社同时在英、美两国出版戴乃迭选译的《无声的中国》[②]，选取《呐喊》《彷徨》《故事新编》《朝花夕拾》和《野草》英译中的部分作品，还选取了从《坟》到《且介亭杂文末编》等十一部杂文集中的杂文，外加《无题》《悼杨铨》等旧体诗译作。

1981 年，美国印第安纳大学出版社刊行 The Complete Stories of Lu Xun：Call to arms；Wandering（《鲁迅小说全集——呐喊和彷徨》），系杨宪益、戴乃迭所译。1994 年，美国旧金山的中国书刊出版社翻印杨宪益、戴乃迭 1954 年版《鲁迅小说选》。2003 年，纽约诺顿公司重印杨宪益、戴乃迭 1972 年版《鲁迅小说选》，附有美籍华裔作家哈金[③] 撰写的长篇导言。2004 年，美国 Kessinger Publishing 出版杨宪益、戴乃迭翻译的《铸剑》《呐喊》《祝福》《伤逝》和《孤独者》单行本。2009 年，英国企鹅公司出版蓝诗玲译《阿 Q 正传及其他中国故事：鲁迅小说全编》（*The Real Story of Ah-Q and Other Translations of China*），译作正文前“延伸阅读”书目推荐杨宪益、戴乃迭合译四卷本《鲁迅选集》、威廉·莱尔翻译的《狂人日记及其他小说》，以及杜博妮翻译的《两地书》三种译作。

黄乔生学者研究发现，“鲁迅著作的英文译本中，杨宪益、戴乃迭翻译的《鲁迅选集》至今仍然是篇幅最大、收录最全面的。……杨译本的最大特点，在内容上，

---

① 李晶，鲁迅在英文世界中的传播 [N]. 文汇读书周报，2016—10—17.

② 此书著作权人虽署戴乃迭一人，译作实为杨宪益与戴乃迭合作而成.

③ 哈金（Ha Jin），本名金雪飞，1956 年生于中国辽宁省，在美国享有盛誉，用英文写中国发生的故事，是在美国得奖的华人作家，代表作有《等待》《南京安魂曲》等。

是顾及了——准确地说是突出了——鲁迅的杂文，而不像西方的译者，多以小说为主。迄今为止，英语国家还没有出版过鲁迅杂文选之类的译本，除了从杨宪益、戴乃迭译的《鲁迅选集》中选出的那本《无声的中国》(*Silent China*，牛津大学出版社，1973 年版)。西方研究者把鲁迅当作一个虚构作品的大师，而忽略了他的文明批评和社会批评，忽略了他作为一个中国新旧交替时期的知识分子对中国文化的承担，忽略了杂文这种文体的复杂性和艺术性。《鲁迅选集》用三卷的篇幅收录鲁迅的杂文是一个创举，是完成了一次文化积累，也可以说，是打了一场攻坚战。因为，对鲁迅杂文的理解一点也不比对其小说的理解容易，需要对中国文化、中国历史尤其是近现代史的更广博的知识。从这方面说，由杨先生这样学养深厚又亲历过那段历史的人来翻译鲁迅杂文是最合适不过的。”①

杨宪益热爱并认同鲁迅的作品，对其进行了深入的研究，因此对其整体思想和语言特点有着精准的理解。他在翻译实践中表现出色，能够准确地转化语言、修辞和文化元素，建立起具有高可信度的跨文化交流桥梁。虽然英美学者的翻译可以使文本更具感染力，但是在进行“本土化”时，难免会出现丧失或扭曲原本意思的情况。杨宪益和戴乃迭在海外推广鲁迅作品方面发挥了关键作用，他们所翻译的四卷本《鲁迅选集》使鲁迅在国际上备受关注，与《红楼梦》的翻译相媲美。蓝诗玲在谈及重译鲁迅作品的缘由时说，“我高度评价杨氏翻译的鲁迅作品。在需要的地方，他们的语言能够做到典雅、悲伤、幽默……”② 此外，杨宪益夫妇合作翻译的《中国小说史略》及其他鲁迅作品，历经重版、重印，迄今仍是海外中文教学与中国文化研究者的必备书。

鲁迅被公认为是 20 世纪中国最杰出的作家和批评家之一。他以其独特、尖锐的杂文思想表现中国历史及现代社会问题而著名。直到现在，他的思想仍然具有现实价值，他所探讨的众多问题依然需要人们正视。汉学家沃尔夫冈·顾彬因此呼吁学术界“更多地发掘那个文学的鲁迅及其被低估的现代性”。③ 在当下的文

---

① 黄乔生．杨宪益与鲁迅著作英译 [A]．张世林．想念杨宪益 [M]．北京：新世界出版社，2016．

② 王树槐．译者介入、译者调节与译者克制——鲁迅小说莱尔、蓝诗玲、杨宪益三个英译本的文体学比较 [J]．外语研究，2013 (2)：64—71．

③ 顾彬．未完成文本或文学的重写 [A]．张鸿声，[韩] 朴宰雨．世界鲁迅与鲁迅世界：媒介、翻译与现代性书写 [M]．北京：中国传媒大学出版社，2014 年．

化语境中，全面梳理杨宪益、戴乃迭英译鲁迅作品这一典型翻译事件，从中提炼规律性的翻译方法和原则，无疑对开展精微化元典细读具有十分重要的意义。

第三节　张爱玲文学翻译简析

一、张爱玲的创作对其翻译的影响

（一）张爱玲的创作风格对其翻译的影响

1. 张爱玲的悲剧意识

张爱玲是悲观主义者，这源自她特殊的家庭背景和个人经历。张爱玲出生于名门望族，曾外祖父是清末重臣李鸿章，祖父是晚清名臣张佩纶，他们都曾在中国历史上扮演过重要角色，但是张爱玲的父亲张廷重没有继承祖父辈的精神气质，却养成了恶少习气，张氏家族到了他这一辈就逐渐衰败了。张爱玲没有赶上家族的盛世，却目睹其走向衰落。不仅如此，张爱玲父母长期不和。母亲黄逸梵思想开化，是一个追求自由的勇敢的新式女性，与丈夫的腐朽的价值观、人生观差距巨大。夫妻之间争吵不断，终于发展到矛盾不可调和的地步。黄逸梵几度丢下儿女，以抛弃亲情为代价，远涉重洋，追求新的人生。父亲重新娶妻，由于继母的掺和，父亲对张爱玲甚为不仁，曾经将其囚禁数月。

张爱玲成长于乱世，动荡的时代在张爱玲身上留下太多印记。张爱玲曾踌躇满志，中学毕业时，她考上伦敦大学，但是欧战爆发，她只有就读于香港大学。动荡的岁月中，不可知的命运总在破坏人的计划，乱世中的人们，终究只能接受命运的摆布，这一点是张爱玲，也是那个年代的所有人的宿命。

张爱玲将她的创作归纳为三种不同的情感境界：豪放英勇、荒凉悲凉和深沉忧伤。英勇的表现中只有强大，没有悲伤；悲壮所包含的悲伤情绪过于单一和强烈。广袤而多层次的悲怆即是苍凉。曹七巧、葛薇龙、霓喜、白流苏……张爱玲笔下的女子都是聪明机巧的，但是都逃不出悲剧的命运。张爱玲笔下的人物大多都执着于生活，小心谨慎、费尽心机地去争取自己想要的东西，却最终归于失败。所以，张爱玲的笔下，生命是悲哀的，人做不了自己的主，外界的力量，无论是男人还是女人，都无法抗拒，人在命运面前无能为力。这就是张爱玲所理解的生命的真实。

2. 在普通人的生活中寻找传奇

张爱玲对生活在底层的人有特别的尊重。她认为，在时代的变动中，最能显示变动的复杂性的，不是斩钉截铁地站在前面的英雄，而是生活在社会中的芸芸众生。凡人是人世中的大多数，生活是由普通人组成的，历史不是只由杰出的人物写就的，英雄总是和凡人有着太遥远的距离，对读者来说，只有凡人的人生才是真实的人生。因此，文学要表现凡人的真实生活，才能打动人心。极端病态与极端觉悟的人究竟不多。时代是这么沉重，不人们那么轻易就大彻大悟。她的小说基本都是围绕家庭展开，描写普通人谋生、谋爱的故事，从人生的基本形式来表现生存的困惑，通过“不彻底”的人物的琐屑人性表达她对凡人的怜悯之心。张爱玲的悲剧意识及书写普通人的诗学观一以贯之地体现在她的翻译活动中。张爱玲的悲剧意识也同样表现在她对 *The Yearling* 的解读和翻译上。

3.《老人与海》的翻译

1952 年，张爱玲离开上海前往香港，滞港期间，张爱玲受聘于美国新闻处驻香港办事处，翻译了这部小说。张爱玲的译本在 1952 年由香港中一出版社初版，1955 年三版，张爱玲由此成为中译《老人与海》的第一人。

小说充满了悲壮的英雄主义色彩，详细叙述了老人与大马林鱼之间的较量以及与鲨鱼的搏斗过程。简单的故事情节体现了作者对人类命运的深刻思考，并揭示出英雄主义的主题——个人可以被毁灭，却不可以被打败。

（1）张爱玲的文学理念与原作主题思想的契合

这部小说在以下两个方面与张爱玲的文学理念有共同之处。

第一，悲剧主题。据张爱玲观察，尽管圣地亚哥奋斗不懈，试图战胜不幸的命运，然而最终他并未能够成功实现自己的愿望，这使他经历了悲惨的遭遇。尽管遭遇重重困难，大马林鱼不断与圣地亚哥队斗争，经过多轮苦战，最终无法战胜对手。这是对大马林鱼的不幸。无论是圣地亚哥还是大马林鱼，都成了悲剧主题中不可避免的牺牲品，它们的牺牲表达了小说主题的悲剧性。张爱玲和海明威的看法在理解人生悲剧命运方面达成了共识。

第二，日常叙事。海明威自己对《老人与海》的评价是：讲了一个普通的故事。圣地亚哥是个普通的人，孤身一人，年迈体弱，浑身伤痕累累，而且还是个失败者，运气不佳，倒霉透顶，八十四天没有捕到一条鱼，打了补丁的船帆像是一面标志着永远失败的旗帜，没钱买食物，得靠小男孩送来。岁月和命运几乎夺去了一切。捕鱼是圣地亚哥生下来就要干的行当，不是了不起的事业，而最后好不容易打上来的大马林鱼却被鲨鱼吞噬。圣地亚哥不是一个神化的英雄人物，内心并不具有崇高的激情，他拥有的是普通人的情感。他热爱大海，对大马林鱼由衷地赞美、佩服。他怪自己的手，感叹为什么不生两只好手，孤独一人在大海深处与大鱼、鲨鱼搏斗时，他总是想到孩子，他还不停地为自己鼓劲……圣地亚哥所经历的是人人都在经历的普通人的生活，有苦恼、有惊恐、有沮丧、有无奈、有失败，圣地亚哥的生活状态就是每个人的生活状态。海明威用这件平常人干的平常事表达了深刻的主题，这符合张爱玲所推崇的文学理念——在普通人的生活中寻找传奇。

（2）张爱玲的价值取向与原作价值取向的分离

尽管张爱玲对《老人与海》很喜爱，同时也可以发现海明威的创作手法在许多方面与她的观点相符。但是《老人与海》与张爱玲的人生观截然不同。

《老人与海》是对英雄主义的颂歌。张爱玲与海明威对命运、对人生的认识是截然不同的。他们创作的相似点是广泛的，但本质是不同的。张爱玲的译本因此呈现的是另一番风貌。张爱玲的译本透露了她对这篇小说的理解，张爱玲本人将对人与命运的看法也投射其中。

（二）张爱玲的文学修养对其翻译的影响

张爱玲翻译的《睡谷的传授》体现了其具备的翻译素养。

华盛顿·欧文（Washington Irving）的《睡谷的传授》（*The Legend of the Sleepy Hollow*）取材于德国无头骑士的民间传说。故事发生在一个偏僻、幽静的山村里，主人公是一个来自肯塔基州，名叫伊卡博德·克莱恩的穷教师，他贪婪、迷信、自负、懦弱而又愚蠢。克莱恩与当地流氓布鲁姆同时看上了富裕的荷兰人家的女儿卡特琳娜·凡·塔塞尔。在参加完塔塞尔家的晚宴后，克莱恩趁着夜色返回，途中被一个无头骑士追赶，最后神秘失踪。布鲁姆因此如愿以偿地娶到了塔塞尔。小说通过环境描写和气氛烘托，成功地展现了一个偏僻山村幽静的生活情景，语言诙谐幽默，发生在这里的爱情冲突故事，具有独特的哥特色彩，在美国文学史上占有重要地位。

In his devouring mind's eye he pictured to himself every roasting—pig running about with a pudding in his belly, and an apple in his mouth; the pig eons were snugly put to bed a comfortable pie, and tucked in with a coverlet of crust; the geese were swimming in their own gravy; and the ducks pairing cosily in dishes, like snug married couples, with a decent competency of onion sauce.

译文如下：

在他那贪婪的心目中，每一只可供烧烤的猪跑来跑去，都是肚子里嵌着一只布丁，嘴里衔着一只苹果，一只只鸽子都被安置在一只舒适的酥饼里，睡得服服帖帖，盖着一层酥皮被单；鹅都在他们自己的汤汁里游泳着，鸭子都安逸地在盘子里成双作对，像亲热的夫妻一样，而且生活无忧，洋葱酱汁非常富裕……

在此译例中，作家张爱玲展开了她丰富的想象力。sugly在牛津词典中的解释主要有两个意思：一是“warm and comfortable”（温暖而舒适地）；二是“fitting tightly or closely”（整齐而紧密地）。张爱玲分别取了这两个意思，用“服服帖帖”翻译描写鸽子的snugly，而描写鸭子时的snug，又翻译成了“亲热”（的夫妻），准确、生动地还原了原文。尤其是最后一句话中“decent”的翻译更是绝妙。“decent”意为“satisfactory，quite good”（令人满意的，相当好的），原文这里指的是洋葱酱汁很浓，而张爱玲巧妙地用“生活无忧”翻译decent，因为既然前文已经将鸭子拟人化为“亲热的夫妻”，那么，“decent”就可以喻指他们的生活。张爱玲运用拟人化的翻译，生动展现了这一对安逸的鸭子的形象，读来饶有趣味。

在文学翻译中，往往存在两种译法的译者。一种是文字翻译，即只将原文的字面意思翻译出来，而将文学翻译的“精髓”——文学性丢失了；另一种是真正的文学翻译，即不仅不违背原文的字面意思，更重要的是，还将原文字里行间蕴含的文学性的部分再现在目标语言中。张爱玲的译文就属于后者，她的译文语言不仅妙趣横生，而且还活泼诙谐。

从张爱玲的翻译可以得出，在翻译情节性强的小说时，译者所要做的就是把自己放在小说中，设身处地地体会故事的情节，充分把握人物的情感，和作家的创作一样，要将自己化在其中，才能得其真髓。而这对兼具作家身份的翻译家来说，是比其他译者占有优势的，他们的创作才情会使他们翻译起来得心应手。正因为张爱玲小说家的身份，使她具备非常人能比的读故事、讲故事的本领，所以她的译文充满了故事性。

二、张爱玲翻译中的文化意识

移居美国后，张爱玲从一个中国本土作家变成了流散者。在这种新的身份下，她的文学活动具有了与以往不同的特点。流散者要想在异国他乡生存，必定要努力融入主流社会。作为文人，张爱玲初踏入美国土地，没有任何素材的积累来创作新小说，翻译旧作是当时最佳的选择。张爱玲选择翻译《金锁记》这部小说，希望通过它进入西方文学界，融入主流社会。

The Golden Cangue《金锁记》是张爱玲应夏志清直译的要求所译，后收录在哥伦比亚大学出版社所出的 *Tiventieth Century Chinese Stories* 中，被作为教材在现代中国文学课上讲授。但《金锁记》的译本在美国并没有受到追捧，问题应该是出在完全贴近原文的直译的翻译策略上。译文从标题到内容、语言，都对原文亦步亦趋。曹七巧这个人物包含的悲剧色彩及她的遭遇所体现出的中国女性的生存困境，是《金锁记》在中国获得广泛赞誉的主要原因，而这一点却是崇尚平等、追求自由而毫不理解中国文化背景的美国读者难以了解和体会的。

一直被中国评论界所称道的《金锁记》的两点特色，在原封不动地、“原汁原味”地移植到另一种语言、另一种文化之后，丧失殆尽。由于《金锁记》的译本在西方出版，直接进入西方叙事语境之中，读者、语言都变化了，译作是在新的文化土壤中生成的，如果还是按照原文叙事方式，原封不动地进行移植，必然会遭遇水土不服而灭亡的命运。

译者必须对原作的情节、人物进行重新构建，使其在新的文化土壤中长成新的生命。此时的翻译就不再是语言层面上的等值或对应，而是一种更为广阔、更具意义的文化对应，也即文化翻译。一个东方故事移植到西方语境，需要进行文化层面的翻译，将文化内涵从一种语言形式转换到另一种语言形式，不仅仅是语言层面的转换。另一个译本《北地胭脂》虽然没有给张爱玲带来她所期望的荣誉，帮助她进入英美文学界，但是获得了一定程度的成功。在遭遇了《秧歌》(*The Rice Sprout Song*) 及《赤地之恋》(*Naked Earth*) 在英美市场的失败后，《北地胭脂》成为张爱玲最后的希望，寄托之深，用力之勤。要让这个东方故事具有卖点，必须使故事情节符合西方读者的阅读习惯，对于西方读者的阅读口味，张爱玲是有一定了解的。如何解决向对源语文化缺失的译语读者传递原文的全部信息的难题，奈达认为译者必须把信息“拉长”来迁就读者。在实际翻译过程中，张爱玲根据西方语境的要求，对原作进行了改动，将三万字的中篇小说“拉长”成了十几万字的长篇小说。

（一）改写情节

《北地胭脂》的扉页上有一段解题的文字：“The face powder of southern dynasties, The rouge of the northern lands. Chinese expression for the beauties of the country probably, seventh century.”高全之将其汉译为：“南朝金粉，北地胭脂。”大约七世纪时，中文指国之美人。高全之认为“北地胭脂”有两层含义：一是指女主人公貌美；二是指南人北化的过程。《辞海》解释六朝金粉：亦作六朝脂粉。指六朝时金陵的靡丽繁华景象。后也比喻妇女的仪容、装饰。

《金锁记》中的曹七巧是因兄嫂贪财，将自己卖给了姜家，嫁给了没有行动能力的残疾男人，这一切曹七巧是不知情的，因此，才导致了她日后心理变化，她的疯狂举动才有了合理的解释，也才显现出故事的悲剧性。《北地胭脂》中，银娣的婚姻是自己的选择，她知道将要嫁的是一个残疾人，而且与此同时，她与药店伙计小刘互有好感，为了谋得荣华富贵，她选择牺牲爱情。嫁到姚家以后，银娣一直努力融入姚家的生活，从生活习惯到意识形态都发生了转变，她甚至主动放弃了与三爷的感情，终于在姚家站稳了脚跟，完成了南人北化的过程。一个下层女子经过努力奋斗成功了。

与相貌平平甚至长相刻薄的曹七巧相比，银娣是一个美女，从书名的题解到书中行文，《北地胭脂》反复强调银娣的美貌。在西方语境下，考虑到西方读者的阅读口味，张爱玲更改了自己一贯的写作习惯，给了银娣一个姣好的容颜，令其带上“传奇”的色彩。不仅如此，张爱玲还删除了《金锁记》中长安一角，这是对原作的重大改动。曹七巧与女儿长安的冲突是《金锁记》中的高潮，曹七巧逼女儿缠足、引她吸鸦片，刻意毁灭她的爱情，手段无不用其毒，曹七巧那“用那沉重的枷角劈杀了几个人，没死的也松了半条命”的疯狂的恶魔般的性格在这部分内容中发展到了极致。

由此《金锁记》在新的语境下，变成了一个生活在底层社会的美女如何费尽心机打入上层社会的故事，这无疑是符合西方读者的阅读口味的。

（二）省略人名

《金锁记》中任何一个人物都有名字，三爷姜季泽，兰仙，儿子长白，长白的媳妇芝寿，几乎各个人物都有名字。而《北地胭脂》中，只有关键的几个人物——银娣、银娣的儿子玉熹被冠以名字，其他人物统统以家庭关系中的称谓指称，如姚家的三个儿子，以大爷、二爷、三爷指代，银娣的两个嫂子被称为二奶奶、三奶奶，玉熹的媳妇等。高全之认为《北地胭脂》不为这些人物取名是注意到“名分限制不分男女”，这种解释语义模糊，不能让人信服。张爱玲是爱给人物取名字的，她曾经表达过给人物取名字是一种创造的观点，并饶有兴趣地为中国人取名的行为写了一篇文章。那么她为什么在《北地胭脂》中隐去了大部分人物的姓名，而冠之以家庭秩序称谓呢？笔者认为这与译作的语境、面对的读者有关。对西方读者来说，中国小说中名字是他们阅读的一大障碍，这必然会影响他们继续阅读的兴趣。

（三）译者的文化身份

译者的主体性还可以通过译者的文化身份，尤其是流散译者的文化身份得到彰显，张爱玲的异国翻译实践便是一个最好的证明。张爱玲散居海外几十载，流散者的文化身份使她陷入生存和精神的双重困境，一方面她迫切地要融入美国主流社会，另一方面她也渴望保存民族文化记忆。翻译既是张爱玲融入主流社会的最快途径，也是她保存民族记忆的重要形式。选择翻译什么和如何翻译，积淀在她内心深处的文化价值观在她的翻译过程中得到凸显。

张爱玲选择翻译自己的旧作《金锁记》，并且倾半生之力注译《海上花列传》，是译者的独特文化身份使然。因为只有通过翻译东方故事，流散译者张爱玲才能够与民族家园取得联系。在“如何翻译”的问题上，张爱玲则采取了文化翻译的手段。在新的文化语境下，译者必须对原作的情节、人物进行重新构建，才能使源语文化中的异质成分有效地融入译入语文化，从而成功地对原作进行文化移植，使其在新的文化土壤中成长为后起的生命。此时，只有通过文化翻译而不是文字翻译，原作的文化价值才能得以成功传播。张爱玲对《金锁记》的文化翻译给出了解答。翻译并不单是展示差异，而是跨越差异，在跨越差异的过程中，译者发挥了巨大的作用，译者主体得以确立自身的文化身份。

张爱玲的译本中有大量的改动，删除、增加比比皆是，增删的内容甚至包括情节和人物。但是笔者发现，经过改动后的译本，不但没有完全体现原文和迎合赞助者的意识形态，反而削弱了原文的政治色彩，而这恰恰体现的是译者的意识形态。因为此时的译者，漂流海外，客居他乡，与祖国的距离感让她对祖国的认识更加理性，浸染在异质文化环境之中，家园意识、故土眷念又无时无刻不在左右着她对祖国的看法。此时的张爱玲，既不愿意丑化又悲愤于国家的不足。这一态度就完全体现在她对译本的改动上。张爱玲给原作增加的爱情故事则是译者书写女性、书写普通人，在喧闹的背后寻找人性的诗学观和性别意识的体现。在这种诗学观和性别意识的指导下，张爱玲译本呈现出了“人性”的气息。

第六章　中国文学英译英作品鉴析

中国文学作品是中国文化历史悠久的见证之一，在世界文学宝库中都占有极其重要的地位。中国文学经历了漫长的岁月，仍然拥有强大的生命力。这一艺术宝藏凭借其独特魅力吸引了许多外国人的关注，中国文学在世界范围内广为传播，翻译无疑起到了难以替代的巨大作用。本章将从经典诗歌，儒家经典作品，小说、散文及戏剧等方面对中国文学英译作品进行分析阐述。

第一节　中国经典诗歌英译作品鉴析

一、诗歌翻译的原则

诗歌外在形式独特，音韵节奏突出，意境生成方式多样，蕴涵丰富。诗歌的这些区别性特征均带有鲜明的审美性，因此在诗歌翻译实践中，再现诗歌的审美艺术性需遵循如下原则。

（一）音美

诗歌最讲求音乐性。中外诗歌，无论是传统的格律体，还是现代的自由体，均对诗歌语言音韵、节奏有着自觉的追求。格律体诗外在的音乐性更显突出，自由体诗内在的音乐性更趋向自然。诗歌外在与内在的音乐性并不是刻意而为的，它们均有效地表征着诗歌的情感律动与意义传达，简而言之，便是“音义合一”与“音情合一”。因此，翻译中讲求“音美”就是要忠实传达原作的音韵、节奏、格律等方面所表现的美感，使译文“有节调、押韵、顺口、好听”。中西诗歌的音韵表意系统彼此不同，但以汉诗的“平仄”“顿”及韵式来对应并传译英诗的“音步”与韵式，反之亦然，也是使译文取得与原作相似音美效果的有效途径。

（二）形美

诗歌的外在形式最为醒目。形美一方面是指要保存原诗的诗体形式。诗体形式有定型形式与非定型形式之分，前者对字数或音节数、平仄或音步、行数、韵式等均有较为严格的要求，体现出鲜明的民族文化特性。后者虽不受限于一定的诗体形式，但其呈现的外在形状却表征着诗情的流动与凝定。在这一意义上，传达形美也意味着传达原作所具有的文化特性与诗学表现功能。形美另一方面是指要保持诗歌分行的艺术形式。诗作中诗句不论是采用一行之内句子语义完整的煞尾句诗行，还是采用数行之内句子语义才可完结的待续句诗行，虽然没有固定规定，但是不同的诗行形式演绎着不同的诗情流动路径，揭示着作者不同的表情意图。

（三）意美

意美是指译诗要和原诗一样能打动读者。意美的形成是一个作者、文本、读者共同参与的过程，也就是说，是一个作者赋意、文本传意、读者释意的共生体。作者之意或在文本语义之中，或在文本艺术结构之中；读者释意或基于文本语义，或基于文本艺术结构的意蕴。因此，意美的传达包括以下三个方面的内容：一是忠实地再现原诗的物境，即诗作中出现的人、物、景、事；二是深刻反映原诗的意境，即诗作中所蕴含的诗人的思想、意志、气质、情趣；三是使译文读者得到与原文读者相同的意境，即读者基于诗作的“实境”在头脑中产生想象、联想之“虚境”。因诗歌创作的艺术不尽相同，有的诗作具有这三个方面的意美特色，有的只是某些方面的特色更显突出，翻译实践中需具体情况具体对待，有的放矢。

二、中国经典诗歌翻译赏析

诗歌是民族语言存在的最高形式。在中国，它全面而集中地展现了汉语的灵活性和丰富性。因此，与一般翻译相比，古诗词的英译具有很大的特殊性，译者不仅需要关注诗词的含意，还要关注诗词的形式、音韵、意境等方面的问题。有时候想要准确地传达原诗的意境，却难以保留原诗的韵律节奏之美；有时候达到了韵律节奏之美，却又可能破坏原诗的意境，甚至于不能传达原诗的含意。

近年来，中国综合国力、国际地位和影响力不断提升，中外文化交流日益频繁，世界了解中国的愿望愈发强烈，对中国语言和文化感兴趣的人越来越多。中国诗歌作为中华文化的载体，成为中国文学英译的主要对象之一，更多的学者加入到了中国诗歌英译的行列，期望世界上更多的人能够领略中国诗歌的美。

（一）杜牧的《山行》

远上寒山石径斜，白云生处有人家。

停车坐爱枫林晚，霜叶红于二月花。

这首诗描绘了深秋山中景色，画面鲜明而优美，抒发了诗人喜爱大自然的开朗胸襟和蓬勃向上的思想感情。整首诗描绘了山路、人家、白云、红叶，这些物象构成一幅和谐统一的画面。“远”写出了山路的绵长和山之深，“斜”与“上”呼应，写出了高而陡的山势。顺着这条山路极目而望，在白云飘浮缭绕之处，有几间小屋，不禁让人顿生亲切之感。于是诗人停车凝望、陶然忘归。其实前三句的描写起着铺垫和烘托的作用。“霜叶红于二月花”，才是全诗的中心句。这里诗人写出了枫叶傲然不屈的精神，但是并没有用抽象的概念和枯燥的说教，而是将秋天经霜的枫叶比作二月的春花。通过这一比喻塑造了鲜明动人的枫叶形象，它与“寒山”“石径”“白云”等景物，构成了含蓄深远的画面，表现了诗人蓬勃向上的精神。对于原诗中的比喻手法，翻译时尽量用最佳地对等词语进行直译，使译文在传达原文形象方面既起到异曲同工之效，又有简洁含蓄、联想丰富之美。

译文：A flag—stone path winds up into the chilly hills, Where houses are just discernible amid the thick white cloud. I stop my carriage for I love the maple trees I am the twilight, The leaves after early frost are as crimson as spring flowers.（杨宪益译，2003）

译文的后两句意思是：我停下马车，因为我爱夕阳照耀下的枫叶，这些经过早霜的叶子红得就像春天的花朵一样。译文将“红于二月花”译为“as crimson as spring flowers”（红得像春天的花朵），通过直译原诗的比喻，火红的枫叶形象在译文中得到再现，并能在读者心中引发类似的联想。

（二）岑参的《白雪歌送武判官归京》（节选）

北风卷地白草折，胡天八月即飞雪。
忽如一夜春风来，千树万树梨花开。
散入珠帘湿罗幕，狐裘不暖锦衾薄。
将军角弓不得控，都护铁衣冷难着。
瀚海阑干百丈冰，愁云惨淡万里凝。

这是一首七言古诗，描写诗人于雪地为武判官（“判官”是官名，节度使的僚属）送别的情景。诗人饱含着感情描写了白雪，尤其是将纷飞的雪花比喻成盛开的梨花，真是独具匠心，再贴切不过了。诗的前两句描写边塞风狂雪草，上句写风，“卷”字正面描写，“折”字侧面烘托；下句写雪，“八月”“即”突出飞雪之早，气候之奇，“即”字又写出了作者的惊奇之情。诗的三、四句写雪后美景，诗人以春花喻冬雪，联想奇特美妙，比喻贴切动人，眼前的冰天雪地变幻成一片春意盎然，生机勃勃的明媚风光，是咏雪的千古名句，后人称之为“妙手回春”。前面四句写雪地外景。一开始就描写了风力之强。因为风强故有“飞雪”。并点明了地点：“北”，北方，“胡”，少数民族地区。照说这种地区下雪未必稀罕，然而时间是“八月”，这就奇了，而且是“一夜”之间，就这么多的雪，可见雪有多大。诗人于此展开丰富的想象，把遍地的雪景比作是春风过后盛开的梨花，贴切形象，奇丽无比，译文可以直译为主，将这一暗喻保留，最大限度地再现原文中奇特美妙的形象。

译文：The north wind scraps the ground, the fleabane broken, In the borderlands it starts snowing in the eighth month. As though a gust of spring wind swept past overnight. Bringing thousands upon thousands of pear trees into bloom. It penetrates pearl blinds and moistens silk curtains, The fox fur is cold, the brocade quilt too thin for the nip. The general fails to draw steadily his horn—backed bowsteadily. The viceroy can hardly put his frigid iron mail. A vast expanse of desert is o covered with ice of a thousand feet. Gloomy clouds hang over the thousand miles of frozen land.（杨宪益译，2003）

译文前四句的意思是：北风横扫大地，连飞蓬草也被吹断。在边疆地区八月就开始大雪纷飞。夜间好像有一股春风吹来，千千万万棵梨树转眼间开了满树的花。原文三、四两句运用了暗喻，将白雪比喻成梨花，没有用“like”或“as”将这一暗喻挑明，而是直译成暗喻，大雪纷飞的形象不亚于原文。

（三）宋祁的《玉楼春》

东城渐觉风光好，縠皱波纹迎客棹。
绿杨烟外晓寒轻，红杏枝头春意闹。
浮生长恨欢娱少，肯爱千金轻一笑？
为君持酒劝斜阳，且向花间留晚照。

宋祁的此词在当时曾引起文坛轰动，与之同时代的文学家张先称宋祁为“红杏尚书”。王国维在《人间词话》中谈到境界时曾经说“境非独谓景物也，喜怒哀乐亦人心中之一境界。故能写真景物、真感情者，谓之有境界。否则谓之无境界。”并特别以此词为例“‘红杏枝头春意闹’，着一‘闹’字而境界全出。”此词通篇运用拟人的手法，将景物赋予生命，写得形象生动。前两句所描绘的春天的绚丽景色极有韵致，开头一个“迎”字将微波荡漾的湖面、来往如织的客船形象展现在读者面前，仿佛看到湖中泛起纱绉般的水波，游春的船儿迎来送往，分外热情。而后面的“红杏枝头春意闹”更是使全诗的景物描写达到高潮，生机勃勃的一幅春景形象跃然纸上。其中“闹”字就是采用了拟人的手法，使本就红艳诱人的红杏变得更具活力。浮现在读者眼前的是这样一幅图画：一支支怒放的红杏上头，蜂飞蝶舞、春鸟和鸣，好不热闹，将繁丽的春色渲染得十分生动，形象鲜明，意境突出。译文可将这两处拟人手法直接译出，既保持意义传达的忠实性，又不失语言表达上的形象性。

译文：The scenery is getting fine east of the town;
The rippling water greets boats rowing up and down.
Beyond green willows morning chill is growing mild;
On pink apricot branches spring is running wild.
In our floating life scarce are pleasures we seek after.
How can we value gold above a hearty laughter?

I raise wine cup to ask the slanting sun to stay:

And I leave among the flowers its departing ray.（许渊冲译，1992）

译文前四句的意思是：城东的风光变得越来越美，水上涟漪不断，向来往的游船打招呼问候。嫩绿的杨柳在微寒的晨雾中随风摇曳，红杏枝头，春意浓浓。译文将“迎”译为“grects”，而“春意闹”被意译为“spring is running wild”，仍然用拟人的手法，完美地再现原诗中的美妙形象。

（四）岑参的《走马川行奉送封大夫出师西征》（节选）

君不见走马川行雪海边，平沙莽莽黄入天。

轮台九月风夜吼，一川碎石大如斗，随风满地石乱走。

匈奴草黄马正肥，金山西见烟尘飞，汉家大将西出师。

这首诗是岑参的代表作之一，是诗人在任安西北庭节度判官时，送封常清出兵西征而写的，诗中描写了军队在茫茫沙海、天寒地冻的夜晚进军的情景，诗的最后表达了诗人对胜利的信心。诗人开头先极力渲染战地的奇特环境：平沙莽莽、狂风夜吼、碎石乱滚，在这样寒冷而严酷的自然环境中唐军出兵，烘托出大军压境，一场激烈战斗即将展开时的紧张气氛。从而形象地歌颂了唐军士气高昂、吃苦耐劳、勇敢无畏的精神，加强了诗歌的艺术感染力！在开头三句中，诗人抓住“风”的特点，描写出征的自然环境。开头三句无一“风”字，但捕捉住了风“色”，把风的猛烈形象写得历历在目。“吼”字形象地显示了风猛风大。接着又通过写石头来写风，“一川碎石大如斗，随风满地石乱走。”中运用了比喻、夸张等艺术手法，斗大的石头，居然被风吹得满地滚动，再加上一个“乱”字，就更能表现出风的狂暴形象。“斗”是中国古代的一种容器，为中国古代所特有，在英语中没有对等词语，可以将其意译或省去不译，但要借助译语的优势补充失去的形象之美。

译文：Do you not see the Running—Horse River flow along the sea of snow. And sand has yellowed sky and carth, high and low?

In the ninth month at Wheel Tower winds howl at night. The river fills with broken stones fallen from the height, Which run riot with howling winds as if in flight.

When grass turns yellow, the plump Hunnish horses neigh, West of Mount Gold dusts risc they're in battle array. Our general leads his army on his westward way. (许渊冲译, 1997)

译文前五行的意思是：你难道没看到走马川沿着雪海边流淌，黄沙遮蔽了天地？九月，夜间轮台已是狂风怒吼，从高处落下的碎石填满了河床。这些碎石随风到处滚动。原文“一川碎石大如斗”中运用了比喻、夸张的修辞手法，译文将“碎石大如斗”译为“broken stones fallen from the height”（从高山掉下的碎石）。虽然没有直接说明石头的大小，但是我们可以想象到这石头一定是从高山上滚落下来的，一定是很大的。如果是小石头，那应该说是从高山上飘落下来的。虽然比喻被省去不译了，但是读者通过自己的生活经验，可以想象到像原文中那样大小的石头，甚至比原文中更大的石块。因此狂风怒吼、乱石横飞的形象没有因此而逊色。

（五）杜甫的《春夜喜雨》

好雨知时节，当春乃发生。
随风潜入夜，润物细无声。
野径云俱黑，江船火独明。
晓看红湿处，花重锦官城。

这首诗是杜甫在成都浣花溪畔的草堂时所写的。作者细致地刻画了春雨的夜景，表达了他对春雨来得及时的喜悦心情，全诗内容丰富，概括又形象，从语言至内容自然天成，无任何雕琢之感。“春雨贵如油”，在这万物复苏的季节，每一场雨都会带来和催发无数生机。这场雨仿佛知晓人们的心思，春天一到，它就在人们最需要的时候下起来了。这样“知时节”的雨当然是好雨。这里诗人用拟人手法，描绘了春雨的美妙形象，盛赞春雨善解人意，似乎懂得人们的心愿一般。“随风潜入夜，润物细无声。”这两句用的仍然是拟人化的手法。春雨随着风悄然而至，为的是“润物”，但是春雨“润物”并没有选择在白天到来，而是选择在人们酣睡的夜晚悄悄地来，无声无息地下。通过这样拟人的手法，诗人写出了典型春雨，也就是“好雨”的形象。同时也表现了诗人的，也就是一切好人的高尚品格，译者要深入诗的背景和意境，译出诗中拟人的弦外之音，再现物我交融的形象之美。

译文：A good rain falling just when it should in spring time;
Riding on the wind it fills a whole night.
Soaking the land with its goodness;
Clouds hang heavily over country paths;
A lone light shines from a passing boat;
Morning and I see a damp redness on the branches.
Laden down with flowers.（路易·艾黎译，2001）

译文的意思是：好雨知道下雨的节气，在春天的夜晚伴随着风降临。慈善地滋润着大地万物，漆黑的乌云笼罩着乡间的小径，只有江船上的灯火格外明亮。次日早晨，我看到树枝上满是湿漉漉、红艳艳的鲜花。“知时节”被转化为“when it should in spring time”（春天这个该来的季节），“潜入夜”被转化为“it fills a whole night”（雨整整下了一夜），虽然拟人的意味被淡化，但是形象的主体没有改变，春雨的含蓄、无私的形象仍然得到了很好的再现。

（六）白居易《长恨歌》（节选）

天生丽质难自弃，一朝选在君王侧。
回眸一笑百媚生，六宫粉黛无颜色。
春寒赐浴华清池，温泉水滑洗凝脂。

《长恨歌》是唐代著名诗人白居易创作的一首长篇叙事诗，全诗形象地叙述了唐玄宗与杨贵妃的爱情悲剧。诗人借历史人物和传说，创造了一个回旋婉转的动人故事，并通过塑造的艺术形象，再现了真实的生活，感染了千百年来的读者。其中“回眸一笑百媚生，六宫粉黛无颜色。”描写了贵妃的娇媚和倾国倾城的美貌，诗人用了借代的手法，将本指，即宫女和嫔妃的化妆用品“粉黛”用来代指宫女和嫔妃，天生丽质的贵妃的美貌让三宫六院的嫔妃顿时黯然失色。这一借代修辞的用法非常生动传神，塑造了艺术价值极高的人物形象。但“粉黛”若直译为英文里的“cosmetic”（化妆品），容易造成误解，译文可以去其形，而取其神，译出借代的本体。

译文：Yet with such beauty bestowed by fate, How could she remain unknown? One day she was choscn. To attend the cmperor. Glancing back and smiling, She revealed a hundred charms. All the powdered ladies of the six palaces. At once seemed dull and colorless.（杨宪益译，2003）

译文前四句的意思是：她天生的美貌无法隐藏，终于有一天站到了君王的身边；她回眸一笑，甜美妩媚，六宫内最美的女子都黯然失色。译文没有保留原诗中的借代，而是将借代的本体用“powdered ladies”（着粉黛的女子）译出，这样的译法虽然缺少了一点韵味，但是可以避免直译造成的误解，较好地再现了原诗中人物的美丽形象。

（七）王之涣的《登鹳雀楼》

白日依山尽，黄河入海流。

欲穷千里目，更上一层楼。

鹳雀楼为唐代游览胜地，许多诗人都曾登临赋诗，王之涣的这首五绝诗境界开阔，精神积极向上，是其中的不朽之作。诗的前两句写的是登楼望见的景色，写出了山、河雄浑壮阔的形象。“白日依山尽”写远景，写山。作者站在鹳雀楼上向西眺望，只见云海苍茫，山色空蒙。一轮落日，挨着山峰冉冉西沉。“黄河入海流”写近景，写水。楼下滔滔的黄河水奔流入海。这两句画面壮丽，气势宏大，读者读后如临其境，如见其景，令人振奋。其中的“黄河入海流”为“黄河流入海”的倒装，诗人在这里不用正常的“流入海”而用倒装的“入海流”，一是为押韵故，二是为了显示黄河气势。“入海流”即向大海流去的意思。实际上，鹳雀楼距离黄河入海处有千里之遥，在楼上是看不到黄河入海的。这里的“入海”是说明“流”的方向，“流”字放在句尾可强调河水滚滚奔腾的壮阔气势。翻译时可考虑保留原诗的句式特点，直译为倒装句，达到形神兼备的效果。

译文：The sun beyond the mountain glows.

The Yellow River seaward flows.

You can enjoy a grander sight.

By climbing to a greater height.（许渊冲译，1997）

译文的意思是：太阳在山峰背后熠熠生辉，黄河波涛滚滚流入大海。为了欣赏更加壮观的景色，那得要登得更高。与原文一样，译文第二句采用倒装句“The Yellow River seaward flows”（黄河朝大海流去），把表示方向的“seaward”（向着海）放在“flows”（流）之前，这样不但译出了黄河之水向着大海滚滚流去的雄浑形象，而且也译出了原诗的句式特点。此外，为了对仗，译文第一句也用了倒装。

（八）王维的《汉江临眺》

楚塞三湘接，荆门九派通。
江流天地外，山色有无中。
郡邑浮前浦，波澜动远空。
襄阳好风日，留醉与山翁。

王维是唐代大诗人、大画家，最善于描写山水景物和田园风光，成为山水田园诗派的杰出代表。宋朝大文学家苏轼说：“王维‘诗中有画’‘画中有诗’。”这首诗主要写诗人泛游汉水的见闻，咏叹汉水的浩渺形象。诗人来到襄阳城外，站在汉江岸边，目送江水滔滔滚向南去，心情十分畅快，止不住赞叹道：“这汉江南接三湘，西通荆门，东与九江相连，真是源远流长、水域无边啊！”该诗前两句“楚塞三湘接，荆门九派通”，应为“楚塞接三湘，荆门通九派”是一对倒装句，诗人在语序上故作颠倒，将动词“接”“通”置于句尾，是为了强化语势，深化意境。这两句语工形肖，勾勒出汉江雄浑壮阔的形象，并以此作为画幅的背景。泛舟江上，极目远望，只见楚塞和奔涌而来的“三湘”之水相连接，汹涌汉江入荆江而与长江九派汇聚合流。诗虽未点明汉江，但足以使人想象到汉江横卧楚塞而接“三湘”、通“九派”的浩渺水势。译文不必拘泥于原诗中复杂的句子结构，而应以再现形象美为核心。

译文：The border of Chu lies close to Three Xiang,
Mount Jinmen looms above the nine streams.
The grand river flows beyond heaven and earth,
Distant hills float and fade out by turns, it seems.

Shires and burghs shimmcr over the shore yonder,
The horizon ripples with waves surging up.
How enchanting the scenery in Xiangyang!
I will stay with old Shan and drain my up.（许渊冲译，1997）

译文前两句的意思是：楚国的边界靠近湘江，荆门山位于九条支流汇合之处。译文前两句都采用正常语序，虽然没有译出原诗的特殊句式，但是仍很好地再现了原诗中汉江的壮观形象。

第二节　中国儒家经典作品英译作品鉴析

本节是基于功能翻译理论的视角，对林语堂英译中国儒家经典作品进行分析研究。

由德国学者莱思（reuss）、弗米尔（Vermeer）、曼特瑞（Manttarix）、诺德（Nord）等人建立的功能翻译理论，其核心在于翻译的目的或译文的功能，为评价那些译者采用“自由”的翻译方法生产的译作提供了理论依据。林语堂是一位享誉全球的文学家和翻译家，他曾对许多中国经典作品进行了翻译。特别是他对中国儒家作品的翻译，在西方社会受到了广泛的关注并对西方社会产生了深刻的影响。与此同时，他的翻译实践也往往呈现出一种独特的方式，生动形象地展示了儒家文化的魅力。本节的目标是运用功能翻译理论，分析林语堂翻译的儒家经典作品。同时，将试图从目的论的角度出发，探讨其中的翻译策略被采用的原因。

一、功能翻译理论

功能翻译理论的提出为研究编译作品提供了重要的理论基石。这个理论创新性地探讨了传统翻译理论观点中“等值翻译”等概念的构成，并将翻译的目的和译文的作用置于重要的位置。此外，该理论重新定义了原文和译文之间的关系，提供了新的思路和视角。这样做可以增强译者在翻译过程中的主动性和个人代入感。翻译学理论包括三大流派，它们分别是翻译行为理论、语篇分析理论和目的导向翻译理论。根据翻译行为理论，为了实现在不影响内容的情况下进行跨文化、跨语言的转换，必须进行一系列的策划行动。这些行动涉及发起者、委托者、原文作者、翻译作者、译文使用者和译文接受者，每个参与者都有其特定的目的，且由于密切关联，这些参与者之间也相互影响。语篇分析理论从更高的角度考虑译文，跨越了单词和短语的层面，以整体的方式理解语篇的含义。在语篇分析理论中，翻译可被归纳为两种类型：一种是文献性翻译，另一种是工具性翻译。作为建立原始文本作者与翻译读者跨文化交流连接的桥梁，文献性翻译应力求不改变原文的语言和文化特征。逐字翻译是一种将原文每个词语、短语或句子直接翻译为目标语言的翻译形式，用于文献性翻译。在翻译的过程中，工具性翻译是针对某特定文化群体的，会对原始信息进行独立传递，并且不受原文文化的限制，翻译者可以依据自己的目标来选择合适的方式进行调整的编译形式。“目标驱动”是目的导向翻译理论的核心，这意味着翻译目标对于后续的翻译策略和方法具有至关重要的决定性作用。

二、林语堂英译儒家经典作品分析

（一）源语文本的语篇特点

根据语篇分析理论，可以得知林语堂的翻译属于一种典型的工具性翻译，即将中国儒家经典作品翻译成英文，以便英语读者更容易理解。在进行翻译时，林语堂采用了一种工具性翻译方法，以便在英语环境中有效传播中国传统儒家文化，并考虑到目标读者的阅读习惯和认知水平，与一般文献型翻译截然不同，与传统逐字翻译也不同，这种方法更富有弹性。根据需要，翻译者可以调整原文结构，并添加个人的解释和诠释，以便更准确地传达意思。接下来，笔者将分别从文章的结构及对于复杂文体的处理这两个方面入手，展开逐一分析。

1. 原文的篇章结构

中国的儒家经典包括四书五经，这些经典从多个角度全面地阐释了孔孟思想。林语堂在翻译时参考了《论语》《孟子》《大学》《中庸》和《礼记》等文献。这些文献的组织结构较为松散，而各篇章之间的逻辑关系不是十分清晰。如果只是一个字一个字地翻译，就很难让一般的英语读者理解，那么翻译的目的也就达不到了。因此，林语堂在处理这些文献时，把它们的内容重新组合在一起，把各篇文章的精华融合在一起，创造出一本全新的书这本书就是《孔子的智慧》。这篇译文不仅引用了《论语》，还涵盖了《中庸》《大学》和《礼记》等经典著作。同时，根据选材内容的内在逻辑结构特征，精选孔子思想中最具代表性的内容，并以十一章的形式呈现。每一章都有一个简洁而具有总结性的标题，使孔子的思想表现得形象化并深入人心。为更好地解释儒家经典的经典部分的含义，林语堂重新组织了这些部分，并添加了《史记》中对孔子的描述以提供背景信息。前五章聚焦孔子的文化形象，后五章则包含了孔子思想的核心精髓。这种处理方式突出了孔子这个核心概念，并围绕其进行了详尽的阐述，逻辑紧密、层次分明，能够帮助那些不熟悉中国传统文化的英语读者迅速领会儒家文化的精髓。

2. 复杂文体的处理

林语堂选取的经典文献展现了中国儒家文化的内涵和特点，他运用丰富多彩的文风，既有探讨问题的议论文又有生动的记叙文，而且全部用文言文写作，因此需要更深入的理解才可领会其意。外国读者很难理解其中许多属于中国儒家文化独有的文化专有名词。为了处理复杂的文体和文化专有术语，林语堂使用了如下技巧。

一是，将原著繁复的文风转换为论述文体，并在每章开头写下一段“译语”，来概括并总结儒家经典的思想精髓，描述它们之间的关系，以及解释翻译时对原文作出修改的原因。此外，他还在翻译的每一部分中夹入自己的注解，以连接前后文的逻辑关系。第八章开头，林语堂解释了选用的《礼记》中的几个重要章节，并总结和对比了这些章节中所体现的“大同世界”和“小康世界”两种主题。最后写道：“在本章我们可以看出礼是包括民俗、宗教风俗规矩、节庆、法律、服饰、饮食居住，也可以说是‘人类学’一词的内涵。在这些原始存在的习俗上，再加以理性化的社会秩序的含义，对礼字全部的意义就能把握住了。”① 注释的例子在《孔子的智慧》一书中也时而出现。例如，第五章第二篇：子曰：“由之瑟奚为于丘之门？”门人不敬子路。子曰：“由也升堂矣，未入于室也。”② 林语堂在将这个条目翻译之后又在书页的下方添加了他本人的评注，以补充语境信息、方便读者理解。

---

① 林语堂. 孔子的智慧[M]. 黄嘉德，译. 南京：江苏文艺出版社，2009.

② 林语堂. 孔子的智慧[M]. 黄嘉德，译. 南京：江苏文艺出版社，2010.

二是，在翻译专业术语时，译者经常使用归化处理，使译文更符合目标语言读者的文化背景和阅读习惯，但并不改变原文的意思。第五章第四篇中引用了《论语》的一个片段，生动刻画了孔子果敢有力、坚定果断的形象。林语堂翻译这个标题时并没有僵化地依据原文惯例，即按照每篇文章前两个字为标题的方式。由德国学者莱思（reuss）、弗米尔（Vermeer）、曼特瑞（Manttarix）、诺德（Nord）等人建立的功能翻译理论，其核心在于翻译的目的或译文的功能，为评价那些译者采用“自由”的翻译方法生产的译作提供了理论依据。将孔子的性格特点与他相类比，从而让西方读者更加直观地了解孔子的形象，这是一种十分生动的表达方式，不会改变原文的意思。林语堂将《论语》中唯一两处提到“恕”的内容结合起来，并在小标题“黄金法则”下进行了总结。黄金法则的来源在西方最早可以追溯到最有名的宗教和文化圣经——《圣经》。因此，西方读者一旦看到这一概念，便容易想到他们所熟知的圣经中重要教义，因而能够更好地理解孔子的核心思想。

（二）翻译策略被采用的原因

在进行翻译时，翻译者会考虑到翻译的目的不同，从而采用不同的翻译方法和策略，因为不同的目的需要使用不同的翻译方式。通过仔细研究林语堂翻译的作品，可以清楚地察觉到其翻译目的的导向性，这一导向性同时考虑了时代背景和个人审美倾向。以下针对林语堂在英译儒家作品时对原文进行取舍、加工和处理的原因，从译者、翻译活动的发起人和赞助人及目标读者三个方面进行阐述。

1. 林语堂的翻译观

林语堂在为吴曙天编著的《翻译论》作序（即后来的《论翻译》一文）中曾经明确地指出“绝对忠实之不可能”①，他认为“译者所能谋达到之忠实，即比较的忠实之谓，非绝对的忠实之谓……其实一百分的忠实，只是一种梦想。翻译者能达七八成或八九成之忠实，已为人事上可能之极端。”②之后他又表示过要将作者的思想与译者的思想进行贯通融合的观点，在实际的翻译操作中，林语堂也是充分实践了这些观点。他曾在《孔子的智慧》的导言中作了这样的论述：“谁也不可能只靠读《论语》一部书，而对孔子思想发展全面一贯的了解。这就是为什么

① 吴曙天．翻译论[M]．北京：中华书局，1937.

② 陈伟．浅谈翻译的标准[J]．科技信息，2010(12):527.

我不得不从儒家经典及《四书》中选出若干章节来，因为这些章节代表前后连贯的思想，而这些文章是前后一个系统的，是集中于一个主题的。”[①] 从这个事实可以得出结论；林语堂反对忠实于原文的翻译方式，他认为翻译应该具备一定的艺术性，把翻译视为一种创作过程。林语堂在翻译中国儒家典籍时，秉持着一种指导思想，即在不损害原文意义的前提下进行增补、重组和表达艺术性语言的努力。

2. 翻译活动的发起人和赞助人

从目的论角度看，翻译活动的发起人和赞助人会影响译者的翻译目的，并且对译者的翻译方法产生一定的导向性作用。林语堂初到美国时，心里“倒很想写一本中国的书，说一说我对我国的实感。”[②] 但是因为其不熟悉西方读者的阅读喜好及美国的图书出版现状等原因未能实现。有一次他被美国作家赛珍珠（pearl S. Buck）请到家中做客，她提起“要找一位英文好又真正懂得中国文化，而且文笔精确、流畅和优美的作者，来写一部有关中国的书。”[③] 两人志同道合，很快就结成了伙伴。赛珍珠夫妇邀请他参与用英语写作文学作品，以此向西方社会介绍中国文化。他的处女作《吾国与吾民》获得了广泛的欢迎，甚至取得了进入美国畅销书排行榜前十名的荣誉。接着，林语堂与赛珍珠夫妇继续在翻译中国传统典籍及重要的儒家文化文献方面持续地合作。毋庸置疑，他从赛珍珠夫妇那里得到了启示，并借鉴了他们在处理文本和翻译方面的技巧，因此他的作品不仅易于理解，也符合西方读者的阅读喜好，并取得了广泛的反响。

3. 目标读者的阅读习惯

林语堂在《孔子的智慧》序言中论述了一件事情：针对西方普通读者研读儒家思想时，最大的难点在于他们的阅读习惯。他们期望作者不断地述说，持续不停地讲下去，只有这样他们才会感到满意。他们拒绝将全书的句子逐一思考领悟，经过自我反省和体验验证。简而言之，林语堂意识到要向西方读者介绍儒家思想并使他们更好地了解中国文化，需要重新整理典籍，以易懂流畅的翻译引导读者理解儒家思想，进而深入了解中国的国情、民俗及中国人的哲学观和精神追求。

总的来说，功能翻译理论的进步为译者提供了一些标准，以便判断哪些翻译作品存在“不忠实”的问题。为了保持翻译中国儒家经典作品时的原貌，林语堂

① 李健. 文学语篇翻译的多维研究[M]. 长春：东北师范大学出版社，2017.

② 施建伟. 林语堂在海外[M]. 天津：百花文艺出版社，1992.

③ 施建伟. 林语堂传[M]. 北京：十月文艺出版社，1999.

进行了大量的修辞调整，以确保所译文本在篇章结构和文体特点等方面与源语文本相一致。经过筛选儒家经典中的精华部分，译者按照一定逻辑重新组织了它们。在翻译复杂文体时，他对译文进行了调整，以更符合议论文的风格。此外，他还根据当地读者的文化背景对原文中的专有名词进行了本土化处理，以便他们更好地理解译文。林语堂的翻译方法受到了许多因素的影响，包括译者的个人翻译理念和活动经验、翻译项目的主要发起人和支持者、目标读者的阅读喜好等。这些因素对于林语堂的编译方法起到了重要的导向作用。尽管林语堂在将儒家经典翻译成英文时，可能并非完全忠实于原文，但他采用的翻译方法强调实现翻译目标，成功地将中国传统文化精髓传达到西方主流社会。此举在促进中西方跨文化交流方面发挥了极为重要的作用。

第三节　散文、小说和戏剧的英译作品鉴析

一、散文英译作品赏析

（一）散文翻译的原则

散文又称美文，其文之美，美在语言，美在意境。前者“质实”则便于分析和把握，后者“空灵”则能够建构和想象。由“质实”走向“空灵”是审美层次的提升，由“空灵”返照“质实”是审美蕴涵的丰富与拓展。两者互相浸染，彼此生发，共同营构着散文的艺术神韵。因此，在散文翻译实践中，再现散文的艺术神韵可遵循以下原则。

1. 声响与节奏

散文的声韵及节奏常常是内在的，远不像诗歌那么规则明显、充满音乐感。但是，这并不表示散文的声韵节奏随意纷乱，不带审美追求。反之，它们以有效的方式传达文本中情感的韵律，并且应该与其中的独特氛围相呼应。此外，它们显得更加灵活、自然，并更加客观、真实。在这个领域，古人早已提出类似的观点。散文翻译需要意识到散文的声音和韵律对意义的重要影响。从另一个角度来看，译者可以透过原文的语调和韵律来体悟其中所表达的情感与节奏，包括行文的抑

扬顿挫、回环呼应等声音元素，以及句子的长短、语速的快慢等写作元素，从而重现原文的文字神韵。

2. 个性化的话语方式

散文是以个人的主观感受为出发点，追求表达自我和扩展思想的一种文学形式。在散文中，作者通常采用独特的表达方式来突出其个性特点，从而更真实地反映其内心世界。由于作者采用不同的词汇和句式，因此他们的文字呈现出多种不同的风格。作者的个性体现在他们所选择的词汇和句子结构，以及文本的整体结构和他们的思想情感及审美喜好。通过分析作者在某一具体篇章中的个性化语言表达方式，可以获取到对作者的个性化语言特点的更深入了解。此外，还可以从作者的文集及当时流行的文学趣闻来审视其个性化表达方式。

3. 情趣的统一性

“形神兼备”是人们常用来评价散文作品的准则。“形散”是指散文在结构和语言方面的松散和自然。“神不散”的含义是散文具有内在的统一性和凝聚力，因而表达情感和思想的连贯性强。通过内在的整合，可以消除外在的不协调，实现外在的统一。散文之美不仅表现在其语言表达的多样性和结构形式的独特性，也表现在作者所描绘的形象和场景产生的感动和共鸣。作者通过逐层推进的构思和不断升华的表现手法，从表面现象不断深入到内在本质，从具体事物升华到抽象意境，最终达到情趣的统一性。在进行翻译时，译者应该以原文的风格为基准，重新构思译文的用词、语言布局等审美要素，以保留和展现原文的整体审美趣味和主题，从而使译文具有与原文类似的审美风格。

（二）朱自清《荷塘月色》节选欣赏

文学作品涵盖了音乐美、形式美和意义美。尽管诗歌在文学领域中最为注重音韵美感，但散文同样能够产生强烈的音乐效果，并具备审美价值。散文的节奏和韵律通常借助开头韵、结尾韵、重复表达及并列语句等手法，同时，汉语中广泛运用四字词和拟声词等词汇形式来实现文本的节奏感。在翻译中，再现文学作品语言审美价值时所必须考虑的一个方面是语言的音韵和韵律。因此，在翻译散文时，译者应该尽最大努力保留并呈现原著中的音韵美。

根据徐治平在《散文美学论》中的观点，散文语言的音韵是一种音乐之美，主要表现为语言内在的节奏和旋律。音韵美可通过句式的错落有致、骈散交错、回环呼应、词语重叠等形式来体现。因为汉字本身的特性，音节重叠在汉语中是十分常见的。它不仅能够突出重点、营造壮观氛围，还有助于创造明显的韵律感，增强语言的感染力，在音韵美方面具有重要作用。然而，因为英文和中文在语言上的差异，在翻译中保持叠音的音乐韵律是相对困难的。

1. 朱自清《荷塘月色》节选

原文：曲曲折折的荷塘上面，弥望的是田田的叶子。叶子出水很高，像亭亭的舞女的裙。层层的叶子中间，零星地点缀着些白花，有袅娜地开着的，有羞涩地打着朵儿的；正如一粒粒的明珠，又如碧天里的星星，又如刚出浴的美人。微风过处，送来缕缕清香，仿佛远处高楼上渺茫的歌声似的。

朱自清译本：

All over this winding stretch of water, what meets the eye is a silken field of leaves, reaching rather high above the surface, like the skirts of dancing girls in all their grace. Here and there, layers of leaves are dotted with white lotus blossoms, some in demure bloom, others in shy bud, like scattering pearls, or twinkling stars, or beauties just out of the bath. A breeze stirs, sending over breaths of fragrance, like faint singing drifting from a distant building.

徐治平译本：

Gazing at the meandering pool, 1 see an abundance of lotus leaves. Standing high above the water, they look like the flared skirts of ballerinas; interspersed among the layers upon layers of leaves are white flowers, some of them blossoming gracefully and others budding shyly. They look very much like bright pearls, or stars in the azure sky. When a gentle breeze wafts over them, a whiff of lingering fragrance fol—lows, which is as ethereal as the music flowing from a high tower in the distance.

2. 对比分析

在《荷塘月色》中，朱自清大量地运用了叠音修辞手法，堪称叠音运用的经典范例，而且这种叠音可以说是贯穿整篇文章的。重复音不仅增加了描述的生动性和形象性，使文章充满了诗意和画面感，而且使文章具有韵律感和音乐美。该段使用曲曲折折、田田，亭亭、层层、粒粒、缕缕等一系列叠字，读起来舒展悠扬，富有节奏感，给人以听觉上的美感。两位译者在翻译时没有僵守原文的字面意思，而是巧妙地运用了各种手法，如尾韵、头韵等，以创造性的方式译出了原文的音乐美感，充分展现了译者的个性。比如，朱自清译本中 surface 与 grace，scattering、twinkling、sending、singing、drifting 与 building 分别押尾韵；winding、water 与 what、layers 与 leaves、blossoms、bloom、bud、beauties、bath、breeze、breaths 与 building 押头韵。徐治平译本中 gazing、meandering、standing、blossoming、budding、lingering 与 flowing，grace fully 与 shyly 分别押尾韵；lotus、layers 与 leaves，ballerinas、blossoming、budding、bright 与 breeze，fragrance、follows 与 flowing 押头韵。两篇译文音韵和谐，节奏感强，成功地传达了原作的音韵美。

拟声是一种常用的修辞手法，它能够通过语言模拟出各种声音效果。它通过使用拟声词模拟人的声音、动物的声音和自然界的声音，来增加语言效果，使描述更加生动，让读者产生身临其境的感觉。在许多情形下，汉英翻译可以保留原文的拟声效果，以传达源语的美感元素。

二、小说英译作品赏析

（一）小说翻译的原则

小说强调叙述和塑造人物形象、描绘环境，因此在翻译时，译者需要遵循以下原则，以保持这些区别性特征。

1. 再现人物语言个性

小说中的人物语言是创造人物特点和性格、推动故事进展、描绘人物形象和表达艺术主题的主要工具。在文学作品中，人物的语言常常被描写得非常逼真和生动，这称作“神肖之美”。换句话说，每个人物都有独特的说话方式和措辞，通过他们的言谈举止，读者可以深入了解每个角色的性格和特点。当人物处于不同的环境中时，其语言应该反映出其独特的心理状态和个性特征。在翻译实践中，需要注意人物语言的个性化特点及与其平时不同的表达方式。在人物对话中，应该让每个人物的表达方式、语气及语调彰显其独特性，避免重复捏造出“千人一腔”的尴尬。

2. 再现人物形象

小说创作的主要任务之一是塑造人物形象，这个过程通常可以从多个角度来感受和审视。这些角度的观点在审美上都会达成一致。换一种说法，人物的塑造不仅表现在他们的言行方式上，还包括叙述者对他们外貌、行为和心理等方面的描写。同时，不同叙述者从不同角度描述同一个人物，造就了一个个独特、栩栩如生的人物形象。在翻译实践中，再现人物形象的方法主要有两种：一是，通过生动逼真地描写人物的细节来使译文中的生活情景与原作中的相符；二是，译者需要捕捉不同社会文化环境中人物的不同历史印记，以使译文具有原文所具备的历史背景。第一种方法注重细节，从微观视角来审视；而第二种方法则强调整体观察，从宏观视角来审视。两种方法相辅相成，相互影响，协同作用在人物形象艺术塑造的过程中。

3. 转存叙事策略

叙事是叙述者讲述事件或故事，具体地说，是叙述者艺术性地讲述事件或故事。不同的叙述者站在不同的视角讲述故事，经过不同的审美处理，最终呈现出来的艺术效果将会截然不同。运用第一人称叙事方式，常常会使读者产生亲近感，并在情感上与故事产生共鸣；运用第二人称叙事方式，会让读者觉得自己被邀请进入对话，接受规劝或建议；运用第三人称叙事方式，则会使表现的生活显得富有立体感、真实感，同时还具有变化之美、多样之美。除了叙述视角，叙事的策略还包括叙述时间、叙述节奏、叙述速度等方面的内容。叙事的策略与小说的诗意美学表现紧密相连。因此，在翻译实践中，不仅要注重小说叙述内容的翻译，还要注重小说叙述视角、节奏、速度等方面的翻译。

（二）小说语体与翻译——以《围城》为例

语体分为口头语体和书面语体。书面语体又分为文言语体和白话语体。这两种书面语体先后成为小说创作的工具，并一直共存。文言语体注重写意传神。文言小说语体可以吸收口语元素、韵语、骈语及译音译意外来词等成分。通常情况下，当文言语体中引进了较多的口语元素时，就越能发挥写实描摹的作用，也越能将写意表现得更加充分，这样就慢慢形成了“杂而文”的语体特色。由于文言语体在写意功能上具有很大的延展性，因此文言修养较高的人几乎可以近似地描摹任何事物。

古代小说的这两种书面文体是动态发展的，俗和雅是发展的两端，两种语体从不同出发点进行相向运动，文言语体的由雅趋俗，白话语体的由俗趋雅，最后实现语言的雅俗融合和雅俗共赏的终极目标。这就表明通俗化和艺术化是小说文体对语体和语言发展的根本要求。近年来，学界注意到了林语堂成功的翻译活动及其对中西文化交流的价值。他始终将忠实、通顺和美作为自己的翻译目标。例如：

惟每年篱东菊绽，积兴成癖。（沈复，《浮生六记》）

译文：The chrysanthemum, however, was my passion in autumn of every year.

在上述例子中，林语堂将“癖”译为passion而不是addition，让西方读者认识到了中国人赏菊的审美情趣，以及菊花在中国文化中独有的地位。

在《围城》中钱钟书以掉书袋的方式评人评事，英文、法文亦手到擒来。与其说是幽默，不如说是讽刺。《围城》中的中外夹杂句子出现在叙述部分时，多半是中外并置，中文多为外国词语下定义或解释名词。那对话又如何呢？《围城》中有一段描写方鸿渐拜访张先生，张先生喜欢在言语里中英夹杂，简单举一个例：

张先生大笑道：“我不懂什么年代花纹，事情忙，也没工夫翻书研究。可是我有hunch；看见一件东西，忽然What d' you call灵机一动，买来准OK。他们古董掮客都佩服我，我常对他们说：‘不用拿假货来fool我。O yeah，我姓张的不是sucker，休想骗我！’”关上橱门，又说：“咦，headache——”便捺电铃叫用人。

译文：Mr. Chang laughed heartily and said, “I don't know anything about period designs. T'm too busy to have time to sit down and study it. But 1 have a hunch when I see something, and a sudden—what d ' you call? —inspiration comes to me.

Then I buy it and it turns out to be quite OK. Those antique dealers all respect me. I always say to them, 'Don't try to fool me with fakes. Oh yeah, Mr. Chang here is no sucker. Don't think you can cheat me!'" He closed the cupboard and said, "Oh, headache," then pressed an electric bell to summon the servant.（茅国权译）

原书夹杂的英文字在英译本中自然是不译，但译者把原来的英文字以斜体来表示，以资区别。这倒不失为一个聪明的方法，至少在英译本中可以看出原文就掉的是洋书袋，比加小注要高明些。

三、曹禺的《雷雨》戏剧节选篇及其译文赏析

（一）原文（曹禺的《雷雨》节选篇）

四：（回过头）哼，妈是个本分人，念过书的，讲脸，舍不得把自己的女儿叫人家使唤。

贵：什么脸不脸？又是你妈的那一套！你是谁家的小姐？——妈的，底下人的女儿，帮了人就失了身分啦？

四：（气得只看父亲厌恶地）爸，您看您那一脸的油，——您把老爷的皮鞋再擦擦吧。

贵：（汹汹地）讲脸呢，又学你妈那点穷骨头，你看她！跑他妈的八百里外女学堂里当老妈。为着一月八块钱，两年才回一趟家。这叫本分，还念过书呢！简直是没出息。

四：（忍气）您留几句回家说吧，这是人家周公馆。

贵：咦，周公馆也挡不住我跟我女儿谈家务啊，我跟你说，你的妈…

四：（突然）我跟您先说下，妈可是好容易才回趟家。这次，也是看哥哥跟我来的，您要是再给她一个不痛快，我就把您这两年做的事都告诉哥哥。

贵：我，我，我做了什么事啦？（觉得在女儿面前失了面子）喝点，赌点，玩点，这三样，我快五十的人啦，还怕他么？

四：他才懒得管您这些事呢！——可是他每月从矿上寄给妈用的钱，您偷偷地花了，他知道了，就不会答应您！

贵：那他敢怎么样？（高声地）他妈嫁给我，我就是他爸爸。四：小声点！这有什么喊头。

贵：哼！（滔滔地）我跟你说，我娶你妈，我还抱老大的委屈呢。你看我这么个机灵人，这周家上上下下几十口子，哪一个不说我鲁贵聒聒叫。来这里不到两个月，我的女儿就在这公馆找上事，就说你哥哥，没有我，能在周家的矿上当工人么？叫你妈说，她成么？——这样，你哥哥同你妈还是一个劲儿地不赞成我。这次回来，你妈要还是那副寡妇脸子，我就当你哥哥的面上不认她，说不定就离了她，别看她替我养个女儿，外带来你这个倒楣蛋的哥哥——

四：爸爸。您——

贵：哼，谁知道是哪个王八蛋养的儿子。

（二）译文（王佐良、巴恩斯译）

FENG: Yes, but mother has her principles. She's educated, and she can't bear to see her own daughter at someone else's beck and call. She's got her pride, you know.

LU: Pride be damned! If that isn't just like her! What do you think you are an heiress? Pooh! A servant's daughter and it's beneath her dignity to go into service!

FENG (disgustedly): Look at your face, Dad. You might at least wipe it! —And you'd better have another go at those shoes, too.

LU: Pride indeed! If you insist on giving yourself airs you'll end up a poor, miserable creature like her. Pride? Just look at her! She travels three hundred miles to be a skivvy in this girls school of hers, and all for the sake of eight dollars a month and the privilege of coming home once every two years! That's where her principles have gotten! So much for her education! A lot of good that's done her! FENG (restraining herself): You'd better keep that until we get home. Remember you're at the Zhous' now, not in your own house.

LU: Why should that stop me discussing my family affairs with my own daughter? Now, listen here: Your mother—

FENG (suddenly): Just a minute! I've got something to tell you first. It isn't everyday that mother can get home, and when she does it's only tosee Dahai and me. If you so much as say a word to upset her, I'll tell Dahai just what you've been up to these last two years.

LU: Me? And what have I done, pray? (Feeling that his paternal dignity is at stake.) If you mean I've had a little drink and a flutter now and then, and a bit of fun with the girls, well, what of it? After all, I'm nearly fty. What 8 it to him, anyway?

FENG: Oh, he couldn't care less about that sort of thing! But what's happened to the money he sends home from the mine every month for mother? You've spent every penny of it on the sly, and if he found out about it he wouldn't let you get away with it!

LU: What could he do about it? (Raising his voice.) His mother's married to me, so I'm his father!

FENG: Ssh! No need to shout.

LU: Humph! (With a sudden eloquence) Now just you listen to me. I've never stopped blaming myself for marrying your mother. To think that a smart chap like me should go and do a thing like that! Now is there a single person in all this big house who doesn't think I'm one of the best? I hadn't been here two months when I got my own daughter a nice job in the house, and even your brother—he'd never have got that job in the Zhou mine if I hadn't put in a word for him. Could your mother ever have done as much for the two of you? And what thanks do I get for it? Your mother and your brother are sill ganged up against me as much as ever! If she still tries to put on airs and come the great lady over me this time, I'll disown her, and in front of your brother, too! I may even divorce her, even if she has given me a daughter—and brought along that come—by—chance of hers into the bargain!

FENG: Dad! How can

LU: God knows what bastard fathered him!

（三）赏析

话剧《雷雨》是曹禺先生的代表作，在中国现代话剧史上具有非常重要的地位。剧本通过人物之间的激烈冲突、跌宕起伏的情节结构及生动形象的语言深刻揭露了一个带有浓厚封建色彩的资产阶级家庭的悲剧。以上节选篇为鲁贵父女二人在周公馆的一段对白，惟妙惟肖地刻画了四凤的善良单纯及鲁贵自私、贪婪、庸俗的市侩小人嘴脸。王佐良、巴恩斯的译文从话剧语言的特点入手，非常灵活、自如地传递出了原文的内容及效果，很值得学习与借鉴。

1. 译文语言生动、形象，在效果上同原文非常切近

例如，用“If that isn't just like her！”译“又是你妈的那一套！”，一个“if (used to express surprise，astonishment，dismay，ete. 用以表示意外、惊奇、沮丧等。——《牛津高阶英汉双解词典》)”，将说话者当时烦躁、恼怒的语气表现得淋漓尽致；用“a poor，miserable creature”译“穷骨头”，“creature”一词用得非常精妙，因为“creature”这个词在英语里指“a person of a specifed kind，tpially one viewed with pity，contempt or desire”，用“creature”译“穷骨头”，再贴切不过；用“Pride? Just look at her！”译“你看她，她要脸！”，语气强度与原文如出一辙；用“So much for her 'education'!”译“还念过书呢！”，一个“so much for (sugesting that something has not been successful or useful)”，使说话者轻蔑而又得意的神情一下子跃然纸上；用“Me? And what have I done，pray?”译“我，我，我做了什么事啦？”，“pray (used as a way of adding ironic or sarcastie emphasis to a question)”一词用得非常见功力，将说话者那种恬不知耻的嘴脸刻画得入木三分；用“a little drink and a flutter now and then，and a bit of fun with the girls”译“喝点，赌点，玩点”，突出了说话者的狡辩；用“every penny”译“钱”，揭示了说话者的贪婪；用“a single person”译“上上下下几十口子，哪一个”，语气的强调效果等同；用“bastard”译“王八蛋”，语用效果等同。

2. 译者根据语境确定词义，译词准确、恰当

例如，将四凤的“哼”，译成“Yes”；将“本分”译成“principles”；将“脸”译成“pride”；将“倒楣蛋”译成“come -by-chance”。

3. 译文的语言非常符合剧中人物的性格、身份

例如，剧中人物鲁贵是一个非常粗俗的人，在此段对白中，时常骂骂咧咧，“妈的、他妈的”等粗话不绝于口。针对这一特点，译文选用了

“damned”“pooh”“humph”等词，将一个油头滑脑又粗鄙无聊的鲁贵活脱脱地展现在读者（观众）面前。

4. 译文的口语体很符合话剧舞台的语言特征

原文是舞台剧本，语言具有舞台语言的口语体特征。译者在译文中很好地体现了这一点。例如，“you know”“well”“found out about it”“what of it”“let you get away with it”“put in a word for him”“chap”“ganged up against come-by-chance”“into the bargain”等都是非常典型的口语语言。

四、《牡丹亭》节选篇及其译文赏析

（一）原文（汤显祖《牡丹亭》节选篇）

第二出　　　寻梦

[夜游宫]

[贴上]腻脸朝云罢盥，

倒犀簪斜插双鬟。

侍香闺起早，

睡意阑珊：

衣桁前，妆阁畔，画屏间。

伏侍千金小姐，丫环一位春香。请过猫儿师父，不许老鼠放光。侥幸《毛诗》感动，小姐吉日时良。拖带春香遣闷，后花园里游芳。谁知小姐瞌睡，恰遇着夫人问当。絮了小姐一会，要与春香一场。春香无言知罪，以后劝止娘行。夫人还是不放，少不得发咒禁当。

[内介]春香姐，发个甚咒来？

[贴]敢再跟娘胡撞，教春香即世里不见儿郎。虽然一时抵对，乌鸦管的凤凰？一夜小姐焦躁，起来促水朝妆。由他自言自语，日高花影纱窗。

[内介]快请小姐早膳。

[贴]“报道官厨饭热，且去传递茶汤。”[下][月儿高]

[旦上]几曲屏山展，残眉黛深浅。

为甚衾儿里不住的柔肠转？

这憔悴非关爱月眠迟倦，

可为惜花，朝起庭院？

“忽忽花间起梦情，女儿心性未分明。无眠一夜灯明灭，分煞梅香唤不醒。”昨日偶尔春游，何人见梦。绸缪顾盼，如遇平生。独坐思量，情殊怅恍。真个可怜人也。[闷介]

[贴捧茶食上]“香饭盛来鹦鹉粒，清茶擎出鹧鸪斑。”小姐早膳哩。

[旦] 咱有甚心情也！【前腔]

梳洗了才匀面，

照台儿未收展。

睡起无滋味，

茶饭怎生咽？

[贴] 夫人分付，早饭要早。

[旦] 你猛说夫人，则待把饥人劝。

你说为人在世，怎生叫做吃饭 ?[贴] 一日三餐。

[旦] 咳，甚瓯儿气力与擎拳！

生生的了前件。你自拿去吃便了。

[贴]“受用余杯冷炙，胜如剩粉残膏。”[下]

[旦] 春香已去。天呵，昨日所梦，池亭俨然。只图旧梦重来，其奈新愁一段。寻思展转，竟夜无眠。咱待乘此空闲，背却春香，悄向花园寻看。[悲介] 哎也，似咱这般，正是 ：“梦无彩凰双飞翼，心有灵犀一点通。”[行介] 一径行来，喜的园门洞开，守花的都不在。则这残红满地呵！

[懒画眉]

最撩人春色是今年。

少什么低就高来粉画垣，

元来春心无处不飞悬。

[绊介] 哎，睡荼蘼抓住裙衩线，

恰便是花似人心好处牵。

这一湾流水呵！

[前腔]

为甚呵，玉真重溯武陵源？

也则为水点花飞在眼前。

是天公不费买花钱，

则咱人心上有啼红怨。

咳，辜负了春三二月天。

[贴上]吃饭去，不见了小姐，则得一径寻来。呀，

小姐，你在这里！

[不是路]

何意婵娟，

小立在垂垂花树边。

才朝膳，

个人无伴怎游园？

（二）译文（许渊冲译）

Scene 2 The Dream Retraced

(EnterFragrant Spring)

Fragrant (Singing to the tune of Night Tour around the Palace):

Having washed and powdered my cloudlike face,

I put my hairpin aslant in its place.

A chambermaid should early rise,

Though sleepy are her eyes, Before the wardrobe green.

By the dressing table between

The painted screens.

I am Fragrant Spring, chambermaid attending on my young mistress. Since the appearance of the cat—like master, no mouse is allowed to show off. As luck would have it, my young mistress, moved by the Book of Poetry, chose a day to visit the back garden with me so as to divert herself from ennui. Who knows how she was dozing off when our old lady dropped in and laid blame on her and on me. How dare I venture any protest but plead guilty and promised not to do it again, But Madame would not let it off till I swore...

Voice within: What did you swear, Fragrant?

Fragrant: What could I swear but that I should be punished with a perpetual single life? That saved me from a threatening storm, but how could a phoenix listen to a crow? My young mistress was restless all night long. She got up early and urged me to fetch water for her morning make—up. She murmured to herself until the sun was high and cast the shadows of flowers on the gauzed window.

Voice within: Tell the young mistress that breakfast is served.

Fragrant (Singing): Breakfast is served, it is said,

And tea and soup should be fetched by the maid.(Exit)(Enter Belle)

Belle (Singing to the tune ot The Moon Is High):

I knit my eyebrows green

Like the mountain on the screen.

Why should my quilt restrain my tender heart?

My languor comes not from the part Of the moon's sorrow

To see me in bed till the morrow.

Do I regret the fallen flower,

So early I went out of my bower?

Among the flowers rose a dream,

My chest hove up and down like a stream.

Sleepless in flickering lamplight,

I envied Fragrant's sound sleep all night.

In yesterday's random excursion I did not know who entered into my dream. I gazed at him and could not tear myself away as if we were lifelong companions. Now as I think over it alone, I seem to have fallen into a gloomy whim. What a pity! (Sunk in sullen mood)(Enter Fragrant with breakfast in a tea tray)

Fragrant (Singing): The parrot loves the pearl—like rice;

The tea leaf looks like partridge's feather nice.

Belle: I am in no mood for breakfast.

(Singing to the previous tune):

I have just washed my face and combed my hair,

Leaving the looking glass still there. I would nor get up nor lie down.

How could I eat food and not frown?

Fragrant: By order of our old lady, the breakfast should be early today.

Belle: My mother only orders the hungry to eat. But don't you know the hungry eat to live while the well— fed live to eat?

Fragrant: I know only to eat three meals a day.

Belle: I find the bowl too heavy to hold.

I seem to have enough, hot or cold.

Take it away and eat it as you are told.

Fragrant: I think the leftover food

As remains of powder as good.(Exit)

Belle: Now Fragrant has left, but the peony pavilion I dreamed of yesterday has not vanished but revives, and the old dream has brought a new grief. I thought it over and tossed in bed all night without falling asleep. Now Fragrant is not here. Why not take the chance to see the sights in the back garden? It is just like what the poet Li Shangyin says:

Having no wings, I cannot fly to you as I please; Our hearts at one, your ears can hear my inner call.

Along the way I come to the garden. I find the gate left open and no gardener in it. What I see is a garden strewn with fallen flowers. (Singing to the tune of Eyebrows Idly Pencilled):

How bewitching is spring this year!

High and low painted walls appear,

Spring stirs the heart far and near.(Stumbling)

The creeping raspberries won't let me go away;

They seem to lead my heart astray,

See what a winding stream!

(Singing to the previous tune):

Why should lovers retrace the way to their bower?

I see water sprinkle and blossoms fly.

Gods in the sky

Need not pay for the flower.

So they let men shed tears on fallen reds.

And not enjoy the beauty early spring spreads.

(Enter Fragrant)

Fragrant: When I come back after breakfast, I cannot find my young mistress. Where can she be? Oh, here you are, my young mistress. (Singing to the tune of Impasse):

Why should a maiden fair be

Standing by a blooming mume tree?

Just after breakfast, how could you

Visit alone the back garden anew?

（三）赏析

明传奇戏剧《牡丹亭》作为我国古典戏剧杰出的代表之一，其翻译与传播受到广泛关注。许渊冲先生被誉为“将中文诗词翻译成英法韵文的唯一专家”、“中国译诗第一人”，他提出的“三美”原则（音美、意美、形美）不仅仅体现在其唐诗宋词的翻译过程中，在《牡丹亭》一书的译文中，也处处体现其美学原则。《牡丹亭·序》中，许渊冲先生从文化类比的角度出发对比了《哈姆雷特》与《牡丹亭》的情理冲突，《哈姆雷特》是“理战胜情”，而《牡丹亭》则是“情战胜理”。对该戏剧中的人物性格和命运给予了最大的尊重和还原，对中国传统文化和文学中的独特之美也尽可能保留，同时保证译文的流畅和阅读之美。如许渊冲在中英韵式转换中对中国诗歌形式保留后进行了创造性归化翻译。对于押韵，也不只是韵尾的简单重复，还有头韵的使用。许渊冲先生也尽可能保留中国文学中的典故。

此外，许渊冲对小人物的尊重，也体现在其对侍女名字的翻译。如春香就是Fragrant，和《桃花扇》中的香君同名。而非如汪榕培先生的译文中简单音译，失其本意之美。杜丽娘的译名更是一语双关，Belle，美丽的姑娘，而不是音译为“Liniang”，目的在于让西方读者看其名而知其内外之美。

参 考 文 献

[1]Jerome. The Satirical Letters of St. Jerome, trans. P. Carroll. Chicago, IL: Henry Regnery Company,1956.

[2]Peter Newmark. Approaches to Translation[M]. 上海：上海外语教育出版社，2001.

[3] 陈智淦. 林语堂汉译活动研究：缺失根源与前景展望 [J]. 北京第二外国语学院学报，2018，40(01)：46−64.

[4] 陈国勤. 以美学角度来诠释《诗经》的英译研究 [M]. 哈尔滨：哈尔滨工业大学出版社，2019.

[5] 丁水芳，杜泉贵.《牡丹亭》英译研究述评 ———基于 CNKI 2000—2017 年期刊文献的共词可视化分析 [J]. 上海翻译，2018(06)：40−44

[6] 党争胜. 从翻译美学看文学翻译审美再现的三个原则 [J]. 外语教学,2010(05)：96−100.

[7] 冯曼. 翻译伦理研究译者角色与翻译策略选择 [M]. 武汉：武汉大学出版社，2018.

[8] 耿强. 中国文学新时期的译介与传播"熊猫丛书"英译中国文学研究 [M]. 天津：南开大学出版社，2019.

[9] 郭倩. 主位推进模式与语篇体裁——以奥巴马就职演说稿为例 [J]. 吉首大学学报（社会科学版），2013(06)：103−105.

[10] 何敏. 中国现当代文学英译选集研究 [M]. 北京：中国社会科学出版社，2021.

[11] 胡志挥. 中国文学作品名英译索引汇编 [M]. 北京：外文出版社，2011.

[12] 华满元. 论我国古代佛典译道的知识谱系 [J]. 外国语文研究，2017(04)：69−78.

[13] 胡瑞霞，王凌. 从库恩"范式"理论试析我国翻译理论的发展及其趋势 [J].

语文学刊（外语教育与教学）：2010(02)：50–51.
[14] 黄海军．关于汉译英方法的探讨[J]．安徽工业大学学报（社会科学版），2001(03)：78–80.
[15] 林语堂．孔子的智慧[M]．南京：江苏文艺出版社，2010.
[16] 李健，范祥涛．主位推进模式在文学语篇分析中的应用[J]．大连大学学报，2008(08)：59–62
[17] 李健，范祥涛．基于主位推进模式的语篇翻译研究[J]．语言与翻译，2008(02)：62–66.
[18] 李健，范祥涛．主位理论在英汉语篇翻译研究中的应用：回顾与展望[J]．广东外语外贸大学学报，2008(09)：69–72.
[19] 李健．汉英语篇翻译中主位推进模式转换的制约因素[J]．牡丹江大学学报，2014(07)：153–155.
[20] 李健，杭宏．汉英语篇翻译中主位推进模式的转换[J]．外国语言文学，2015(03)：32–40.
[21] 李健，范祥涛．搭配限制对英汉翻译的制约作用[J]．天津外国语学院学报，2008(03)：46–50.
[22] 李健，范祥涛．英汉翻译转换过程中的搭配限制[J]．重庆交通大学学报（社会科学版），2007(01)：92–95.
[23] 李健．文化视角下概念隐喻的翻译策略——以《红楼梦》中的隐喻翻译为例[J]．安阳工学院学报，2017，16(03)：75–77+115.
[24] 李健．林语堂英译中国儒家经典作品研究——基于功能翻译理论的视角[J]．昌吉学院学报，2016
[25] 李洁．中国当代翻译美学发展的回顾与思考[J]．中国人民大学学报，2007(05)：139–145.
[26] 李秀英，《史记》在西方：译介与研究[J]．外语教学与研究，2006(04)：303–308.
[27] 孟慧敏．英语文学作品翻译中的美学价值[J]．湖北文理学院学报，2022，43(04)：67–71.
[28] 孟凡君．中国文化架构的演变对中国译学思想发展的影响[J]．中国翻译，

2002(02)：72–77.
[29] 潘婕．基于翻译特性的英语文学作品汉译探析 [J]．散文百家（新语文活页），2018(12)：216.
[30] 孙会军．葛浩文和他的中国文学译介 [M]．上海：上海交通大学出版社，2016.
[31] 田金平，李丽．葛浩文英译中国当代文学的描述性研究 [M]．北京：外语教学与研究出版社，2022.
[32] 汤显祖．牡丹亭（第二版）[M]．北京：人民文学出版社，1978.
[33] 汪宝荣，许钧．中国文学译介与传播模式研究 以英译现当代小说为中心 [M]．杭州：浙江大学出版社，2022.
[34] 王东风．国外翻译理论发展研究 [M]．北京：外语教学与研究出版社，2021 年
[35] 王秉钦．季羡林翻译思想“三论”[J]．中国外语，2009(05)：89–92.
[36] 蔚艳梅．英语翻译中跨文化视角转换及翻译技巧分析 [J]．鄂州大学学报，2023，30(02)：35–37.
[37] 辛红娟，卓诗琪．杨宪益翻译诗学思想研究 [J]．宁波大学学报（人文科学版），2019(02)0：54–60.
[38] 许渊冲，许明（译）．牡丹亭 [M]．北京：中国出版集团／中国对外翻译出版公司，2009.
[39] 杨柳，王守仁．文化视域中的翻译理论研究 [M]．北京：人民文学出版社，2013.
[40] 杨丽．英语语言文学作品翻译中的译者主体性现象研究 [J]．青春岁月，2022(07)：7–9.
[41] 赵小品，胡梅红．主位推进与衔接手段在汉译英中的应用 [J]．山东外语教学，2003(03)：76–80.
[42] 钟书能，徐晶晶．中华文化典籍翻译中的篇章建构机制研究——中华典籍英译探微之五 [J]．外语教育研究，2018(0)1：37–43.
[43] 张政．文化与翻译——读汪榕培《牡丹亭》英译本随想 [J]．西安外国语学院学报，2004，(12)：42–44